Hans-Werner Grimme

Ich - Du - Ewiges Du

Religionsphilosophische Aspekte der Dialogik Martin Bubers

Hans-Werner Grimme

ICH - DU - EWIGES DU

Religionsphilosophische Aspekte der Dialogik Martin Bubers

ibidem-Verlag
Stuttgart

Die Deutsche Bibliothek - CIP-Einheitsaufnahme:

Ein Titeldatensatz für diese Publikation ist bei
Der Deutschen Bibliothek erhältlich

Gedruckt auf alterungsbeständigem, säurefreien Papier
Printed on acid-free paper

ISBN 3-89821-179-7
© *ibidem*-Verlag
Stuttgart 2002
Alle Rechte vorbehalten

Das Werk einschließlich aller seiner Teile ist urheberrechtlich geschützt. Jede Verwertung außerhalb der engen Grenzen des Urheberrechtsgesetzes ist ohne Zustimmung des Verlages unzulässig und strafbar. Dies gilt insbesondere für Vervielfältigungen, Übersetzungen, Mikroverfilmungen und elektronische Speicherformen sowie die Einspeicherung und Verarbeitung in elektronischen Systemen.

Printed in Germany

INHALTSVERZEICHNIS

0 AUFSCHLUSS	13
0.1 Andeutungen, oder: unwissenschaftliches Vorwort	13
0.2 Bedeutungen	14
0.3 Ausdeutungen	15
0.3.1 Lese	15
0.3.2 Analyse	16
0.3.3 Nähe und Ferne	17
0.3.4 Herausforderung	18
0.3.5 Annäherung	19
1 WAS IST DIALOG?	21
1.1 Ich und Du	21
1.2 Das Ich und der Andere	21
1.3 Wahrheit und Wirklichkeit	22
1.3.1 Sprache und Wirklichkeit	22
1.3.2 Die Wahrheit der Sprache	23
1.3.3 Das Sagbare und das Unsagbare	24
1.3.4 Die zwiefältige Wahrheit	25
1.4 Martin Buber und die Sprache	26
1.5 Dialog des Schweigens – Schweigen des Dialogs	32

2 MARTIN BUBER UND DIE KRISE DES DENKENS — 35

2.1 Bubers Anfänge: Philosophisches Beginnen — 36
2.2 Akademische Studien — 41
2.3 Bubers Weg zum Chassidismus — 44
2.4 Elemente des Zwischenmenschlichen: erster Auftritt — 47
2.5 Ekstase und Bekenntnis — 52
2.6 Durchbruch — 57

3 VON DER MYSTIK ZUM DIALOG — 59

3.1 Gespräche von der Verwirklichung — 59
3.1.1 Von der Richtung — 60
3.1.2 Von der Wirklichkeit — 61
3.1.3 Von dem Sinn — 64

3.2 Dualität und Polarität — 65
3.2.1 Zwei Menschentypen — 65
3.2.2 Der Jude — 66
3.2.3 Die Umkehr — 67
3.2.4 Jüdische Religiosität — 68
3.2.5 Polarität — 69

3.3 Eine Bekehrung — 72

3.4 Der Weg ins Unbedingte — 76
3.4.1 Buber und der Krieg — 76
3.4.2 Der Wille zum Unbedingten — 77
3.4.3 Bekehrung zum Dialog — 81

3.4.4 Der Heilige Weg	85
3.4.5 Sprung	87

4 ICH UND DU — 89

4.1 Zwiefalt — 89

4.2 Die Grundworte — 90

4.3 Die Es-Welt — 91
- 4.3.1 Das Ich der Es-Welt — 91
- 4.3.2 Der Mensch in der Es-Welt — 92

4.4 Urdistanz und Beziehung — 94
- 4.4.1 Die Welt — 94
- 4.4.2 Dinge und Menschen — 95
- 4.4.3 Die Sprache — 96
- 4.4.4 Vergegenwärtigung — 97

4.5 Der Ursprung der Beziehungsfähigkeit — 99
- 4.5.1 Naturhafte Verbundenheit — 99
- 4.5.2 Das eingeborene Du — 100
- 4.5.3 Drei Sphären der Begegnung — 101

4.6 Das Du der Begegnung — 102
- 4.6.1 Die Grundkategorien der Begegnung — 102
- 4.6.2 Der Geist und das Wort — 105
- 4.6.3 Freiheit und Schicksal — 107

4.7 Das ewige Du — 110
- 4.7.1 Die absolute Beziehung — 110
- 4.7.2 Das Geheimnis — 111

4.7.3 Die Offenbarung	112
4.7.4 Der Sinn	113

5 ICH UND DU: ZUR PHÄNOMENOLOGIE DER BEZIEHUNG 115

5.1 Das Problem	115
5.2 Die Ich-Du-Beziehung	116
5.2.1 Der Augenblick der Begegnung	116
5.2.2 Der ganze Mensch	119
5.2.3 Gegenwärtigkeit	120
5.3 Das Andere des Ich und das Ich des Anderen	121
(Das Paradox der Subjektivität)	121
5.3.1 Das zwiefältige Ich	121
5.3.2 Das geeinte Ich	122
5.3.3 Das Andere und der Andere	123
5.3.4 Die Anerkennung des Anderen	124
5.3.5 Die Wahrheit der Beziehung	125
5.3.6 Hinwendung	128
5.4 Das Zwischen	129
5.4.1 Zusammenhang und Verbundenheit	130
5.4.2 Unmittelbarkeit	131
5.4.3 Das Zwischen – negative Ontologie?	133
5.5 Brechung	137
5.6 Das Andere des Du und das Du des Anderen	138
(Das Paradox der Autonomie)	138
5.6.1 Abhängigkeiten	138

5.6.2 Vermittlung	140
5.6.3 Das Du in der Mitte	141
5.7 Die ewige Mitte	**144**
5.7.1 Das vollständige Leben	144
5.7.2 Bewährung	147
5.7.3 Vollendung	148
5.8 Abbruch	151
6 DER GEIST DES GESPRÄCHS	**153**
7 LITERATURVERZEICHNIS	**161**
7.1 Primärquellen	161
7.2 Sammelbände	161
7.3 Einzeldarstellungen	162
7.4 Aufsätze	165

Der Maggid sprach einmal zu seinen Schülern: „Ich will euch die beste Art weisen, Lehre zu sprechen. Man soll sich selber gar nicht mehr fühlen, nichts mehr sein als ein Ohr, das hört, was die Welt des Wortes in einem redet. Sowie man aber die eigene Rede zu hören beginnt, breche man ab.

Martin Buber
„Die Erzählungen der Chassidim"

0 Aufschluss

0.1 Andeutungen, oder: unwissenschaftliches Vorwort[1]

Dialog ist in aller Munde. Dialog der Kulturen, Dialog der Generationen, Dialog der Geschlechter – keine gesellschaftliche Gruppe, die nicht ihre Dialogbereitschaft signalisierte, kein gesellschaftlicher Konflikt, in dem nicht permanent an die Dialogfähigkeit appelliert würde.
Dialog der Religionen, Nationen, Fraktionen, Institutionen; Dialog zwischen Nord und Süd, arm und reich, alt und grau – nichts und niemand, der nicht eingespannt würde ins Joch der alltäglichen Auseinandersetzungen: in die Verständigungsmaschinerie des Plauderns, Redens, Schwätzens, des Diskutierens, Disputierens, Debattierens.

Dialog ist en vogue. Bei einem Begriff allerdings, der wie dieser ganze Kontinente der öffentlichen und privaten Kommunikation okkupiert hat und sie inflationär überwuchert, ist Skepsis angebracht. Selten zuvor wurde wohl auf allen Ebenen so viel von Dialog geredet wie heutzutage, nie zuvor waren die äußeren Bedingungen für weltweite und hautnahe Verständigung so gut – kaum je aber war die Bereitschaft zuzuhören geringer, die Bereitschaft zuzuschlagen größer: selten zuvor ließen die, die miteinander reden sollten, deutlicher die für sich sprechen, denen sie offenbar größere Überzeugungskraft zutrauen: die Waffen – eine besondere Spielart des Dialogs Mensch-Maschine als Signum der Sprachlosigkeit.

Dieses und das andere Phänomen, dass nämlich nie zuvor die Wortflut so gewaltig war, dass tagtäglich ein Schwall von Geschwätz auf uns herniederfährt, dass Worthülsen herabprasseln, dass wir von allen Seiten mit Daten und Fakten bombardiert werden, dass wir in dieser von Medien beherrschten

---

[1] Da in dieser Einleitung zunächst nur eine ganz allgemeine Hinführung auf die zur Bearbeitung stehenden Probleme stattfinden soll, wird darauf verzichtet, die einzelnen Aussagen zu belegen. Die Kernaussagen werden dann im Haupttext mit den entsprechenden Verweisen zitiert.

Welt auf allen Kanälen zum Hören und Sehen genötigt werden[2], ohne dass das Bewusstsein die Chance hätte, Wesentliches herauszufiltern oder auch nur noch wahrzunehmen, lässt es dringend geboten erscheinen, zur Besinnung zu kommen: darüber nachzusinnen, was Dialog eigentlich ist oder sein könnte.

0.2 Bedeutungen

Einer, der radikal ernst gemacht hat mit dem „Dialog" – nicht nur mit dem Begriff –, der ihn bis auf den Grund ausgeleuchtet hat, ist Martin Buber.
Für Buber hat Dialog eine andere Bedeutung als die landläufige. Anders auch als viele, die sich auf ihn berufen – gerne in politischen Festreden –, versteht er darunter mehr als die übliche „Gesprächskultur": für Buber ist der Dialog der Ort der Begegnung mit dem Anderen, mit dem Du, und zwar in ganz existenziellem Sinne.
Aber hat es überhaupt einen Sinn, hierüber nachzudenken und zu schreiben – und zwar dezidiert philosophisch –, wenn Buber „jene unausforschliche Art des Beziehungsaktes selbst"[3] betont?

Bubers Werk ist dadurch gekennzeichnet, dass sich eine bestimmende Idee, die hier vorläufig auf den Begriff der Dialogizität gebracht werden soll, langsam entwickelt und dann, sobald sie einmal Gestalt angenommen hat[4], von verschiedenen Seiten her durchleuchtet wird, um sie auf ihre Brauchbarkeit, ihre Tragfähigkeit für Bubers Anliegen der „Verwirklichung", zu überprüfen. Dies führte zu einer ganzen Reihe von kleineren Schriften, die einzelne Elemente des Konzepts der dialogischen Personalität aufgreifen und ausdeuten. So entstanden Beiträge zu einer „philosophischen Anthropologie", ohne dass sie zu einem geschlossenen System ausgearbeitet worden wären.

---

[2] Eine Diagnose, die schon fast zum heutigen kultur- und medienkritischen Standard gehört; vgl. Verena Auffermann, „Das sogenannte gute Gespräch", in: Süddeutsche Zeitung Nr. 181 vom 8. 8. 1995, S. 9: „Die Sprache ist eine Droge, ein Genuss für Eiferer und Egoisten. (...) Die Gesellschaft will schnell empfangen und sich den Umweg zur Idee über das Gespräch mit einem anderen Menschen nicht leisten. Man könnte glauben, dass die Geduld zuzuhören von den Talkshow-Kaskaden aufgebraucht wird."
[3] Ich und Du, S. 88
[4] In der Schrift „Ich und Du", zuerst veröffentlicht im Insel-Verlag, Leipzig 1923

Meine Absicht ist es nun, einige der wichtigsten dieser Beiträge[5] unter der Zentralperspektive des „Du" zu betrachten, mit dem Ziel, die Beantwortung der Frage zu ermöglichen, ob und wie dieses Du trotz seiner „Mittlerfunktion" zwischen dem Ich und dem „ewigem Du" seine Eigenständigkeit bewahren kann.

Thema dieser Arbeit ist daher nicht der Dialog im trivialen Sinne, auch nicht der wissenschaftliche Dialog im Sinne einer Untersuchung seiner logischen und erkenntnistheoretischen Strukturen und seinem daraus sich ergebenden Verhältnis zur Wahrheit, sondern die Wirklichkeit des Dialogs als Begegnung mit dem Anderen: die Konstituierung der (persönlichen) „Bewusstseine" in der Sprache aus der Gegenseitigkeit heraus.

0.3 Ausdeutungen

Jede philosophische Untersuchung ist der mühsame Versuch, den Verdacht zu entkräften, dass Philosophie mit jedem Wort nur die Fragen perpetuiert, die sie zu beantworten verspricht. Da sie letzte Antworten schuldig bleibt, muss sie das Scheitern selbst als Konstituens des Denkens thematisieren – sie muss das Misslingen durchqueren wie die Israeliten das Rote Meer.

0.3.1 Lese

Die wissenschaftliche Arbeit an Texten – mit Texten – nimmt diesen die eigene Form und zwingt ihnen eine neue auf. Will man seine Arbeit nicht als bloße Zitatenlese verstanden wissen, sondern auch den Schalen und Kernen gerecht werden, so genügt es nicht, sozusagen einen neuen Schlauch, eine neue Form bereitzustellen und dahinein den aus den durchforsteten Texten herausgekelterten süßen Saft zu füllen – es kommt darauf an, ein ideenge-

---

[5] Neben „Ich und Du" sind dies vor allem:
- „Zwiesprache" (2., erw. Auflage, 1932)
- „Die Frage an den Einzelnen" (1936)
- „Elemente des Zwischenmenschlichen" (1954)
- „Zur Geschichte des dialogischen Prinzips" (1954)
- „Das Problem des Menschen" (1943)
- „Urdistanz und Beziehung" (1950)
- „Das Wort, das gesprochen wird" (1960)

schichtliches Konzentrat herzustellen, dasjenige aus ihnen herauszudestillieren, was als ihre Essenz das Substrat für neues Denken – neue Texte – sein könnte: ihren Geist.

0.3.2 Analyse

Eine Arbeit, die sich mit einem Werk wie dem Martin Bubers auseinandersetzt, hat verschiedene Kriterien zu erfüllen. Zunächst die selbstverständlichen: insofern sie eine philosophische sein will, muss sie sachgerecht sein, methodisch schlüssig, zuverlässig in den Quellen und in den Folgerungen einsehbar. Andererseits darf sie darüber ihren Gegenstand nicht verfehlen[6]. Das heißt in diesem Falle, der Autor hat darauf zu achten, dass er – bei aller Korrektheit – nicht einfach nüchtern-trocken referiert. Aber er darf auch nicht der Faszination des Textes erliegen, dem Zauber der Buberschen Sprache verfallen. Er muss dem Strom der Rede folgen, ohne sich mitreißen zu lassen.

An Bubers Werken lässt sich ablesen, dass eine Erkenntnis auch Auswirkungen auf die Sprache, in der sie sich niederschlägt, haben kann; vielleicht haben sollte; ebenso aber auf die Form, in der sie sich präsentiert. Es ist kein Zufall, dass Buber seine Erfahrungen nicht in die Form eines monolithischen „Hauptwerks" gegossen hat, eines endgültig ausgearbeiteten Systems, sondern sein Anliegen in immer neuen Anläufen essayistisch umkreist.
Man darf daher nicht glauben, Bubers Denken auf einfache, „griffige" Formeln reduzieren zu können, etwa „Dialogizität" oder „Philosophie der Ich-Du-Beziehung", „Ontologie des Zwischen" oder „Hebräischer Humanismus".
Es genügt nicht, es analytisch in seine begrifflichen Bestandteile zu zerlegen, um es zu begreifen; es genügt auch nicht, ergriffen zu sein und bestätigend zu schweigen.

Ebenso wenig wie jemand, der ein Lebewesen seziert und seine Glieder zählt, etwas vom Wesen des Lebens versteht; ebenso wenig wie jemand, der die Erde kartographisch erfasst, etwas von der Welt weiß; ebenso wenig wie jemand, der in die Erde eindringt und ihre Schichten freilegt, ihre Geschichte

---

[6] Buber sagt von einem Argument, „es komme gar nicht an die Dinge heran, es sei ausgedacht." (in: Kraft, Gespräche, S. 101)

kennt – ebenso wenig weiß der, der Bubers Werk bloß in einen Traditionszusammenhang einzuordnen versteht, von dessen eigentlichem Anliegen.

Das heißt allerdings nicht, dass die philosophische Analyse überflüssig wäre – sie ist unerlässlich. Das betont auch Buber immer wieder. Aber er sagt auch: sie ist nicht alles. Es gibt noch etwas, was der Analyse nicht zugänglich ist. Er begründet dies mit einer Erfahrung, die jedoch nicht nur seine ist. Es ist eine ursprüngliche Erfahrung, die Erfahrung des Ursprünglichen, die sich verallgemeinert in dem Satz wiederfindet: „Im Anfang ist die Beziehung."[7]

0.3.3 Nähe und Ferne

Eine Wahrheit – vielleicht auch nur ein Stück Wahrheit – verkörpert sich in einem Text. Will man diese Wahrheit untersuchen, so darf man dem Text keine Gewalt antun. Die Darstellung darf keine reine Reproduktion sein, sie darf allerdings auch ihrem Objekt ihrer Betrachtung nicht verfallen: Ein Bericht über ein Feuer muss nicht selber brennen, eine Theorie über das Licht nicht leuchten. Es bleibt allerdings zu fragen, ob nicht die bloße Faktenübermittlung uns Wesentliches vorenthält, nämlich was Feuer und Licht eigentlich *bedeuten*, und das heißt: was sie *für uns* sind.

Mit anderen Worten: Ein Text kann nicht das Feuer transportieren – aber er kann eine Ahnung vom Brennen vermitteln.

Das bedeutet, dass die Buber-Lektüre nicht spurlos am Interpreten vorübergehen kann. Es bedeutet außerdem – wenn man zumindest einige der Buberschen Prämissen akzeptiert –, dass eine Darstellung, die sich nicht in erster Linie als Kritik aufführt, sondern auch die Fruchtbarkeit seines Ansatzes deutlich machen will, nicht im Gewande jener Wissenschaft auftreten darf, die er als „monologisch" bezeichnet.

Diese Ansicht scheinen nicht alle philosophischen Buber-Exegeten zu teilen. Aber was ist eine Wahrheit wert, die ohne Folgen bleibt; über die man referieren kann wie übers Wetter von gestern oder morgen; eine Wahrheit, die sich nicht auswirkt, die gerade dazu taugt, in Festreden ein paar schmückende Zitate zu liefern?

---

[7] Ich und Du, Werke I, S. 90

Wie kann man unter diesen Umständen die Hoffnung hegen, das Wesentliche hinter Bubers Aussagen *nicht* zu verfehlen? Und das unter Verzicht auf bloße Einfühlung, auf bestätigende Identifikation mit dem „Gemeinten", nicht aber Verzicht auf skeptische Einwürfe und kritische Fragen.

0.3.4 Herausforderung

Dem Vorwurf, das Eigentliche nicht zu verstehen, sieht sich noch jeder ausgesetzt, der sich mit Ideen philosophisch-analytisch auseinandersetzt, die Bereiche des Spirituellen, der Mystik usw. berühren. Einsetzen kann die wissenschaftliche Interpretation jedoch erst, sofern die mystischen Erlebnisse in irgendeiner Weise schriftlich fixiert vorliegen. Dann gilt: Alle Botschaften sind prinzipiell entschlüsselbar, alle Quellen, die sich sprachlicher Mittel bedienen, ausschöpfbar. Die Wissenschaft muss sich allerdings der Grenzen ihres Verstehens bewusst sein; hier stellt sich das Problem der Übersetzbarkeit. Dies ist als Schwierigkeit im Umgang mit derartigen Texten zu begreifen, auch als Herausforderung, nicht aber als Absage an die Möglichkeit, sich überhaupt auf sinnvolle Weise philosophisch mit ihnen auseinanderzusetzen. Denn nichts deutet darauf hin, dass intersubjektive Erkenntnis – und um diese geht es trotz aller postmodernen Dekonstruktionen immer noch – anders als durch rationalen Diskurs zu erlangen wäre.

Ebenso wie nach Rom führen viele Wege zum Licht – zur Erkenntnis: kurze und lange, krumme und gerade, mittelbare und unmittelbare, gewusste und erratene; und es ist längst nicht erwiesen, dass der Weg kritischer Auseinandersetzung der schlechteste ist.
Dennoch heißt das nicht, dass es sich um eine Gratwanderung handelt; diese Arbeit ist nicht an der Grenze zwischen Rationalismus und Irrationalismus angesiedelt. Sie versucht einen Vorstoß in ein Gebiet, in dem derlei Grenzen keine Bedeutung haben: eine Archäologie des Glaubens.
Erst dann kann man sich eine Vorstellung von dem machen, was Buber will; erst dann kann man sich ein Bild machen. Um sich ein Bild machen zu können, bedarf es der Distanz zum Gegenstand – dem Gegenüberstehenden.

Das ist das Stichwort: Alles, was hier zur Diskussion steht, begegnet uns – in Bubers Terminologie – in der Es-Welt. Anders als in der Du-Welt, der Welt der unmittelbaren Beziehung, darf hier Distanz herrschen; auch in der Rede über die Beziehung zum Du. Jede Rede *über* etwas findet notwendig in der Es-Welt statt, auch die Rede über Unmittelbarkeit. Das Zur-Sprache-Bringen mag die Distanz überbrücken; aber die Brücke lässt den Abgrund nur um so krasser hervortreten.

Die Sprache kann Unmittelbarkeit nicht herstellen; Unmittelbarkeit *ereignet* sich, und zwar nach Bubers Auffassung in der Sprache, im Wort.

Die vorliegende Arbeit ist der Versuch, die Frage zu beantworten, wie man sich diesem Komplex angemessen nähern kann, ohne das philosophische Terrain preiszugeben.

0.3.5 Annäherung

Auf Bubers Werk angewandt, bedeutet das methodisch, dass die Elemente seines Denkens Schicht um Schicht freigelegt werden müssen, um auf ihre Bedeutung hin abgeklopft zu werden. Nicht nur ihre sinnhafte Substanz ist von Interesse, sondern auch die sinnliche. Ich und Du, Unmittelbarkeit und Verwirklichung, Freiheit und Schicksal: das sind die Komponenten, deren Herkunft zu erkunden und deren Verhältnis zueinander zu deuten ist.

Indem man sich derart auf Bubers Werk einlässt, beginnt man, sein Wort einzulösen – man tritt in einen Dialog mit ihm.

Immerhin: sicher ist, dass wir einem Geheimnis auf der Spur sind – aber wir wissen zumindest schon, wie es heißt: Du.

1 Was ist Dialog?

Vielleicht ist es nützlich, die Studie mit einigen selbstverständlichen Thesen zu beginnen, die die Grenzen des zu beackernden Feldes markieren.

1.1 Ich und Du

Zum Dialog gehören zwei. Das sind Ich und Du.
Zum Dialog gehört die Sprache. Sie ist das Zwischen von Ich und Du. Ohne Sprache gäbe es nur Individuen, d. h. voneinander abgesonderte Einzelne, deren Verbindung zur Gattung sich auf biologische Tatsachen beschränkte. Die Verbindung wäre also eine äußerliche, bloß abstrakte. Erst Sprache ermöglicht Subjekte, die mit anderen Subjekten konkret in Verbindung stehen.

Eine zentrale These der dialogischen Philosophie ist, dass sich die Subjekte sogar erst im Dialog miteinander als Subjekte konstituieren. Solange man im Gespräch ist, ist man nicht fertig, sondern ein Werdender, ist nicht fertig mit sich und der Welt; solange ist man jemand, der am Anderen und mit dem Anderen in die Welt hineinwächst.
Dabei ist Beziehung nicht etwas, das herrscht, sondern das hergestellt wird, oder sich herstellt – sich einstellt, oder wie Buber sagt, sich „ereignet". Beziehung ist keine Tatsache, sondern ein Akt, der gewollt werden muss.
Sprache im hier angedeuteten Sinn beschränkt sich jedoch nicht auf lautmäßig geäußerte Rede, sondern beinhaltet jegliche Form eines Beziehung ermöglichenden Kontakts zwischen Menschen; selbst jede Handlung kann als Sprache verstanden werden, in der sich der Mensch zur Welt äußert.

1.2 Das Ich und der Andere

Es gibt nur zwei prinzipiell unbezweifelbare geistige Gewissheiten: das Ich und das Nicht-Ich. Das, was nicht Ich ist, ist das, was uns als Welt begegnet; es ist das andere – und der Andere als der andere Mensch: „In jedem Individuum erblickt die Natur sich selbst aus einem bestimmten Gesichtspunkte.

Ich nenne mich *ich* und dich *du*; du nennst *dich* ich, und *mich* du: Ich liege für dich außer dir, wie du für mich außer mir liegst."[8]

Der Mensch ist sich selbst nicht genug. Er verwirklicht sich erst in Bezug auf andere. Erst als soziales Wesen, als *zoon politicon* kommt er zu sich.

Martin Buber gebührt das Verdienst, als erster eine neue Qualität im Verhältnis des Menschen zu seiner Welt formuliert zu haben.
Buber unterscheidet zwei Grundhaltungen, die durch zwei Grundworte repräsentiert werden. Diese Grundworte sind Wortpaare: Ich-Du und Ich-Es.
Wir können „Ich" sagen, ohne erklären zu müssen, was ICH ist, ja selbst ohne es wissen zu müssen – „Ich" ist das von vornherein Selbstverständliche, das Apriori schlechthin. Aber für Buber ist das Ich des Grundwortes Ich-Du ein anderes als das des Grundwortes Ich-Es; *das Ich der Beziehung ist nicht das Ich der Erfahrung*.
Die Entdeckung des anderen Menschen als des „Du" ist durchaus mit der Entdeckung einer neuen Welt zu vergleichen.

1.3 Wahrheit und Wirklichkeit

1.3.1 Sprache und Wirklichkeit

Zur Sprache ist noch einiges zu sagen.
Die Sprache ist das Andere der Welt. Sie ist Abbild der Wirklichkeit und zugleich eine eigene Welt.
Der Mensch steht zwischen der Welt und der Sprache. Der Mensch spiegelt sich in der Sprache – und die Welt, die *hinter* ihm liegt. Dadurch, dass er ihr den Rücken zugekehrt hat, verstellt er den Weg zur Wahrnahme des Ganzen. Wenn er sich umwendet, um die Wirklichkeit *unmittelbar*, ungespiegelt zu erfahren, fehlen ihm die Worte.
Es gibt wahre Aussagen – aber sie fassen nicht die Wahrheit, sie *umfassen* sie nicht, nicht einmal die Wahrheit dessen, was sie aussagen. (Mit anderen Worten: Eine Wahrheit und eine Aussage über sie sind zweierlei, sie sind weder kongruent noch gar identisch; sie gelangen nur in gewissen Bereichen zur Deckung; diese müssen als Gültigkeitsbereich der Aussage bestimmt

---

[8] Fichte, Die Bestimmung des Menschen, S. 25

werden. Dieses Problem ist unauflösbar: Eine Wahrheit lässt sich nicht anders aussagen als eben in Aussagen.)
Wahrheit ist eine Realität, die ihre Existenz nur in der Sprache hat.

Wenn zwei sich mittels Sprache verständigen können, dann könnten sich alle verständigen. Es ist aber ein Irrtum, zu glauben, dass man sich mit Worten über etwas anderes verständigen könne als über das, was sich von selbst versteht und was man daher irgendwie schon weiß: der Erwartungshorizont ist die nahezu unüberwindliche Verständigungsgrenze.
So bleibt es zumeist beim Meinungsaustausch, Datenaustausch, Erfahrungsaustausch.
In dem Moment, in dem man die Wahrheit *ganz* erkannt hätte, wäre man ihr ausgeliefert: ihr Gefangener. Endgültig. Es fiele einem nicht wie Schuppen von den Augen, die Schotten wären dicht.
Das Prozesshafte – das Werdende, Unfertige, das dennoch in jedem Moment sich verwirklicht –, der *Weg* der Erkenntnis ist demnach Voraussetzung für das, was wir Freiheit nennen.

1.3.2 Die Wahrheit der Sprache

Das Eigene der Sprache und des Denkens: wem begegnet man im Denken und Sprechen? Ist man im Denken bei sich? Oder beim anderen? Oder dazwischen? Und im Sprechen? Sind Worte der Treibstoff der Bewusstseinsmaschine? Schwimmen wir im Wörtersee?

Sprache ist nicht Abbildung, sondern *Einbildung* der Wahrheit – im doppelten Sinne: das Sein bildet sich dem Bewusstsein ein (als Abbildung), und damit bildet man sich nicht selten ein, die Wahrheit zu besitzen – doch was man besitzt, ist nur eine Reproduktion.
Sprache spiegelt die Welt nicht nur, sie verwandelt sie – von etwas nur Vorgestelltem in etwas Eigenes. Sprache ist dergestalt ein Akt der Aneignung. Aber gleichzeitig ist sie ein Akt der Veräußerung: der Sprechende gibt etwas von sich (und gewinnt dabei). In dieser Zwiefalt klärt sich das Einfältige der bloßen Übermittlung, des Gebens und Nehmens – des Austauschs –, zur Vieldeutigkeit von Beziehungsmöglichkeiten, wo Unmittelbarkeit – die Beziehung aufhebende Beziehung – als virtueller Horizont sich offenbart.

Der Sinn von Sein (oder auch Gott) existiert nicht außerhalb des Fragens nach ihm – also nur innerhalb eines Denkraums.

Buber erklärt die Frage nach dem Sinn von Sein zur falschen Frage: „Ich will nur gestehen, dass für mich der Begriff eines Seins, der etwas anderes meint, als die dem Seienden inhärente Tatsache, dass es ist, unüberwindlich leer bleibt."[9]

Nicht der Mensch stellt die Frage nach dem Sinn, Gott stellt sie dem Menschen, und zwar jedem Einzelnen. *Die Welt, das Sein ist die Frage, und der Mensch muss mit seinem Leben darauf antworten.*

1.3.3 Das Sagbare und das Unsagbare

Die Grenzen der Sprache sind die Grenzen des Denkens. Das Unaussprechliche ist zugleich das Undenkbare. Aber das Denken ist nicht alles.

Das Unsagbare lässt sich nicht sagen, das Unbegreifliche nicht fassen: Man rührt ans Geheimnis und kann nichts davon wissen, nicht einmal, ob es überhaupt existiert.

Aber *über* das Unsagbare lässt sich einiges sagen. Prinzipiell kann man über *alles*, was der menschlichen Erfahrung zugänglich ist, rationale, also auch wissenschaftliche Aussagen machen.

Das Unsagbare ist das schwarze Loch, das man mit Worten nur umschreiben kann, dabei immer in Gefahr, in seinen Bann, seinen Sog zu geraten und vor ihm zu verstummen.

Aussagen kann man *darüber* machen, so die, dass *darin* die uns bekannten Gesetze keine Geltung haben. Interessant wäre der Moment des Übertritts, die Grenzerfahrung: das will der Mystiker.

Nicht so der philosophische Rigorist Ludwig Wittgenstein, der fast gleichzeitig mit Bubers dialogischem Prinzip das Schweigen des Philosophen forderte: „Die richtige Methode der Philosophie wäre eigentlich: Nichts zu sagen, als was sich sagen lässt, also Sätze der Naturwissenschaft – also etwas, was mit Philosophie nichts zu tun hat ..."[10]

---

[9] Gottesfinsternis, Werke I, S. 557. Das Geständnis steht im Zusammenhang von Bubers Auseinandersetzung mit Heideggers Lehre vom Sein.
[10] Wittgenstein, Tractatus logico-philosophicus, S. 115

Aus Bubers Sicht könnte man dieser Auffassung einiges entgegenhalten. Zum einen schreibt sie die fragwürdige strikte Trennung von Natur- und Geisteswissenschaften fort; zum anderen wird vorausgesetzt, dass naturwissenschaftliche Sätze ohne weiteres dem formulierten Anspruch genügen. Das ist wiederum ein philosophisches Problem – aber davon wollen wir zunächst schweigen.[11]

1.3.4 Die zwiefältige Wahrheit

Auch die dialogische Beziehung ist eine Erfahrung, allerdings eine Erfahrung mit einem Du, nicht mit einem Etwas, einem Es.

Hierbei muss man sich über zweierlei im Klaren sein: Erstens ist keineswegs sicher, dass man mit wissenschaftlicher Betrachtungsweise allem und jedem gerecht werden kann; und zweitens ist die Wissenschaft nur eine von mehreren vollkommen unterschiedlichen Arten, mit der Wirklichkeit umzugehen, sich der Welt anzunähern oder meinetwegen sie sich zu eigen zu machen – oder auch nur weniger fremd. Andere wären beispielsweise die Kunst, der Mythos, der Glaube – diese allerdings können wiederum wissenschaftlich untersucht werden.

Mythos und Rationalität sind zwei Möglichkeiten, von der Wirklichkeit zur Wahrheit zu gelangen; zwei gegensätzliche Versuche, die Wahrheit zu begreifen, sie in den Griff zu bekommen. Man muss sich hüten, das eine als die *eigentliche* Wahrheit und das andere als ihre Entstellung zu betrachten.

Die reine Wahrheit ist nicht von dieser Welt; sie wäre das Alles und das Nichts. Wir müssen uns mit ihrer irdischen Version, ihrer sprachlichen Erscheinung begnügen.

Sobald man sich für die wissenschaftliche Herangehensweise entschieden hat, trennt man Form und Inhalt des zu Erforschenden, das uns als Gegenstand, als Objekt entgegentritt.

Nehmen wir als Beispiel die Auseinandersetzung mit dem Glauben. Man kann sich darauf beschränken, ihn als religionssoziologische Tatsache zu behandeln, oder seine Überlieferungen nachzuerzählen, seine historischen

---

[11] Nebenbei sei angemerkt, dass Buber über die naturwissenschaftlichen Erkenntnisse seiner Zeit durchaus im Bilde war; zur Veranschaulichung seiner Gedanken griff er gern auf Metaphorik aus dem Bereich der Naturwissenschaften zurück.

Wandlungen nachzuzeichnen oder den einen Glauben mit dem anderen zu vergleichen. Man kann aber auch versuchen, seine Aussagen auf ihre logische Schlüssigkeit hin zu überprüfen, sieht sich dann jedoch sogleich dem Vorwurf ausgesetzt, den Glauben zu zergliedern, seine Einheit zu zerstören und ihn daher gar nicht verstehen zu können.

Dem ist zweierlei entgegenzuhalten. Zunächst: Das Sezieren von Leichen, die verbotene Neugier, die zur wissenschaftlichen Anatomie führte, hat sicherlich ebensolchen Anteil am Verstehen des menschlichen Körpers – und zwar auch des lebendigen – wie die ganzheitliche Betrachtungsweise.

Und dann: Im Reden wird das Unsagbare nicht zerstört, ja nicht einmal angetastet. Es durchdringt die Rede, ist in ihr anwesend, ohne ihr anzugehören.

1.4 Martin Buber und die Sprache

Bubers Werk kann man nicht so begegnen wie jedem anderen philosophischen Werk. Man kann es nicht einfach abhandeln, erörtern.
Das hat zum einen seinen Grund in dessen Form, zum andern in seinem Inhalt; und nicht zuletzt auch darin, dass man beide nicht so ohne weiteres trennen kann.
Bubers Werk präsentiert sich uns in einer Sprache, die alles andere als trokken-sachlich ist; man könnte sie glutvoll, blutvoll, blühend nennen, auch pathetisch, emphatisch, und sie sonst noch mit allerhand Attributen belegen. Dazwischen finden sich immer wieder philosophische Termini: Sein, Wahrheit, Wirklichkeit, Erkenntnis und viele weitere Begriffe in eindeutig philosophischer Konnotation. Und dennoch erhebt Buber keinen Anspruch, ein wissenschaftliches Werk geschaffen zu haben, besteht sogar darauf, keine Lehre zu haben. Er macht allerdings geltend, auf eine Wahrheit *hinzuweisen*.

Dieser Zwiespalt kann nicht einfach hingenommen werden. Entweder Bubers Denken, so wie es sich aus seinen Schriften herauslesen lässt, enthält eine Substanz, die uns – wie er behauptet – alle angeht, und die sich somit intersubjektiv vermitteln lassen muss, oder es stellt sich heraus, dass es nur das Hirngespinst eines Enthusiasten war. Da diese Frage nicht jeweils vorab entschieden werden kann, birgt die Auseinandersetzung ein gewisses Risiko.

Die Sprache, in die Martin Buber seine Erkenntnisse fasst, ist immer wieder kritisiert worden.

Ich will nur ein Beispiel nennen. Theunissen sagt, dass sich „in Bubers Schrift ‚Ich und Du' ... unter dem abstoßenden Gewand der pseudopoetischen Sprache wenigstens noch eine implizite Ontologie (verbirgt)"[12].

Wer so argumentiert, verkennt die Vielfalt der sprachlichen Möglichkeiten, eben auch Philosophisches außerhalb der dafür etablierten Regeln und akademischen Traditionen zu formulieren.

Wer Buber als Philosophen ernst nehmen will, kann nicht von seiner Sprache absehen, kann nicht sozusagen abstrakte Aussagen als die Essenz seines Denkens herausziehen wollen. Das würde sein Werk – paradoxerweise – verwässern. Es ist schon Konzentrat, das nicht durch Paraphrase verdünnt werden darf. Das *Was* und das *Wie* seiner Sprache bilden eine Einheit, die nicht aufgelöst werden kann: der Inhalt ist nicht zu haben, wenn man die Form zerstört.

Das heißt, man muss die Sprache als das nehmen, was sie ist: Bekenntnis – und Verkündigung als der Versuch, dieses Bekenntnis unmittelbar zu „vermitteln" (nächstes Paradox).

Aber der Inhalt dessen, was er sagt, ist noch nicht das Ganze dessen, was er meint, sondern nur, wie Buber sagt, *Hinweis* auf eine Realität jenseits der Welt und ihrer intellektuellen Bewältigung.

Fraglich ist daher, ob Bubersche Texte nicht den „wissenden" Leser voraussetzen, also nur dem zugänglich sind, der schon vorgedacht hat, eingestimmt ist – und herausliest, was er erwartet; oder den „gläubigen" Leser, der zu verstehen glaubt, weil er glaubt.

Genau dies fordert natürlich das Misstrauen derer heraus, die nur als Realität akzeptieren wollen, was sich in die Form standardisierter Aussagesätze brin-

---

[12] Theunissen, Der Andere, S. 497

An diesem Satz ist so gut wie alles falsch: Die Sprache ist weder „pseudo" noch „poetisch"; „pseudo" unterstellt Täuschungsabsicht; diese vermag ich nicht zu erkennen. Auch geht es Buber nicht um Poetisierung philosophischer Rede, sondern um den Versuch, das kategorial Andere der Ich-Du-Beziehung durch eine *andere* Sprache zur Sprache zu bringen. Insofern handelt es sich keineswegs um sprachliche Maskerade. Warum auch sollte Buber seine Ontologie verbergen? Nur damit echte Philosophen sie explizieren können? – Das „abstoßende Gewand" lassen wir als Geschmacksurteil unkommentiert stehen ...

gen lässt und sozusagen schwarz auf weiß seine Kategorisierbarkeit offenbart.

Wir sind hier mit der Frage der Übersetzbarkeit konfrontiert. Fest steht jedenfalls: Sobald wir versuchen, Bubers Texte in eine vom Pathos bereinigte, einigermaßen gesicherte Fachsprache zu übersetzen, haben wir Buber verloren. Das Original verhält sich zu seinem Abbild nicht wie z. B. eine Landschaft zu ihrer Schwarzweiß-Photographie, sondern eher wie ein Schatten.

Aber damit kann man umgehen, wenn man sich das Faktum im Bewusstsein hält, dass jeder ordnende Eingriff das Werkganze beschneidet – es ist also darauf zu achten, dass nicht gerade die lebendigsten Triebe in Mitleidenschaft gezogen werden.

Buber selbst ist sich der Problematik durchaus bewusst. Auf seinen Stil angesprochen, schreibt er einmal, er könne das, was immer er schreibe, in diesem Augenblick nur so und nicht anders sagen. „Ich kann meine Diktion nicht nach Belieben vereinfachen und komplizieren, sondern sie ergibt sich mit Notwendigkeit aus meiner seelischen Verfassung und meiner Beziehung zum Gegenstand, und ich vermag sie nicht abzuändern."[13]

Hiermit wird eine intuitive Kongruenz von Inhalt und Form behauptet, die zu objektivieren wäre.

Vielleicht steckt hinter dem Prophetischen der Sprache auch einfach Bubers Sorge, das Konkrete des Lebens, das er auszusprechen unternimmt, durch sachliche Begriffe wiederum der als leblos beargwöhnten Abstraktion auszuliefern.

Mit Bubers Lehre verhält es sich demnach anders als mit der des Begründers des Chassidismus: „Die Lehre des Baalschem ist uns sehr unvollkommen erhalten. ... Von dem aber, was er lehrte, scheint vieles ganz unzulänglich überliefert zu sein, oft gänzlich entstellt. Beim Durchblicken einer solchen Niederschrift soll er einmal ausgerufen haben: ‚Hier ist nicht *ein* Wort, das ich gesagt habe.' Dennoch ist der wirkliche Sinn seiner Grundlehren unverkennbar."[14]

---

[13] Brief an Viktor Jacobson, 19. 5. 1917, Briefe I, S. 496
[14] Werke III, S. 16

Wir sind vor genau das entgegengesetzte Problem gestellt: Bubers Lehre – wenn man sie denn so nennen will – ist gültig ausformuliert, so dass man fragen muss, ob nicht jede Bearbeitung eine Entstellung ist. Vielleicht gelingt es dennoch, auch wenn – außer in den Zitaten – nicht ein Wort von Buber stammt, den „wirklichen Sinn" seines Denkens durchscheinen zu lassen.

Das Besondere, das Einzigartige, auf das es Buber ankommt, kann ja auch er nur mit den Worten sagen, die ebenso das Allgemeinste ausdrücken; Bubers Versuch besteht darin, dem Allgemeinen der Sprache[15] einen besonderen Ausdruck als Ausdruck des schlechthin Besonderen abzugewinnen – zumindest als Ahnung.

Was insbesondere gern gerügt wird, ist die mangelnde Schärfe von Bubers Begriffen. Sicherlich kann sein zuweilen etwas sorgloser Umgang mit philosophisch besetzten Termini nicht geleugnet werden, auch macht sich Buber selten die Mühe, genau zu klären, in welchem Sinne er bestimmte Ausdrücke verwendet.

Wer dies beanstandet, übersieht, dass Bubers Präzision nicht die des Chirurgen oder des Scharfschützen ist, sondern die des Dichters.

Da es ihm nicht um Seinsanalyse, um systematische Untersuchung von Tatsachen der Außenwelt geht, sondern um die als elementar erfahrenen Wirklichkeiten der Innenwelt und des „Zwischen", für deren Ausdruck das adäquate Instrumentarium erst noch geschaffen werden muss, erprobt er die hierfür in seiner Macht stehenden sprachlichen Mittel.

Bubers Präzision des Poeten gleicht in ihren besten Momenten der des blinden Bogenschützen im Zen-Buddhismus. Erwartet man von Sprache, dass sie „ins Schwarze trifft", so gelingt dies Buber immer wieder. Und selbst dort, wo man ihm nicht zubilligen kann, dass er ins Ziel getroffen habe, so hat er

---

[15] Hierin liegt natürlich ein ganz allgemeines sprachphilosophisches Problem begründet: Wie nämlich ein allgemeiner Begriff – z. B. Baum –, der grundsätzlich alle Objekte der Kategorie Baum meinen kann, *diesen einen bestimmten Baum* nicht nur meinen, sondern auch konkret bezeichnen kann. Dieses Problem, auf das hier nicht näher eingegangen werden kann, ist eines von Abstraktion und Konkretion. Doch bei Buber geht es noch um etwas anderes: denn das Du, wenn es wirklich als Du gemeint ist, existiert nur als Angesprochenes, also nur als dieses eine konkrete Du; d. h. es handelt sich um ein Problem von Ausschließlichkeit und Einschließlichkeit. Vgl. hierzu auch: Gustav Landauer, Skepsis und Mystik. Versuche im Anschluss an Mauthners Sprachkritik. Münster/Wetzlar 1978

zumindest seinen Anspruch erfüllt, darauf hingewiesen zu haben; insofern trifft das Bild die Sache noch in einem weiteren Punkt: Das Wort trifft zwar das Schwarze, auf das es zielt (oder verfehlt es eben), *ist* es aber nicht selbst, sondern verweist nur darauf.

Auch der akademische Philosoph wird ohne weiteres zugeben, dass es eine Wahrheit der Dichtung gibt, eine Wahrheit der poetischen Sprache, er wird zugleich aber bestreiten, dass innerhalb dieser Sprache philosophische Probleme zu lösen seien (obschon ja in Dichtung nicht selten Philosophisches angesprochen wird). Er wird auf Abgrenzung bestehen, also darauf, dass die Sprache philosophischer Erörterungen andere Anforderungen zu erfüllen habe, und jedes Eindringen in fachliches Terrain zurückweisen.

Martin Buber hat sich der konsequenten Nichtbeachtung solcher Grenzen zweifellos schuldig gemacht. Das mag damit zu tun haben, dass er in frühen Jahren künstlerische Ambitionen als Schriftsteller hatte – davon legen noch seine Bearbeitungen von Sagen und Legenden Zeugnis ab.

Aber mit dieser Erklärung ist es nicht getan. Der Einsatz unorthodoxer Sprache wird ganz bewusst gehandhabt; seine Wortwahl geschieht nicht blind, auch nicht intuitiv; wie sehr es ihm auf jede Wendung, jedes Wort ankam, beweist die oft jahrelange Arbeit an einzelnen Formulierungen der Bibelübersetzung.

Worum es ihm ging, kann folgendermaßen zusammengefasst werden:
– zunächst eine Sprache, die seine ureigenste Schöpfung ist,
– dann ging es ihm seinerseits um Abgrenzung zur Sprache der akademischen Philosophie (und auch Theologie), der Sprache der Lehre und der Systeme,
– es ging ihm um Wirkung, nicht um Anerkennung: die direkte Ansprache des Lesers als ein Anspruch an ihn,
– zugleich eine Herausforderung: die Widersprüchlichkeit der aufgezeigten Wirklichkeit fordert den Widerspruch des Erkennenden,
– zuletzt sind seine Texte der gesprochenen Rede nachgebildet, und zwar in ihrem Verkündigungsduktus der Rede der Propheten.

Fragt man, wie die Sprache der Buberschen Dialogik funktioniert, so könnte man sie folgendermaßen erklären: Der lineare (also eindimensionale) Text wird durch die Wahrnehmung des Rezipienten „prismatisch" in seine Kom-

ponenten aufgespalten, in Sinn und Sinnlichkeit (z. B. Klang), wobei in dessen Erinnerung oder kulturelle Erfahrung (er ist ja niemals unvorbelastet) die Vieldeutigkeit, die Bedeutungsnuancen – die sowohl im Text als auch in seinem Leser angelegt sind – aktiviert werden.
Diese divergieren aber nicht, sondern ergeben Interferenzmuster und finden sich letztlich in einem virtuellen Ganzen, einem Bild oder Einklang, jedenfalls einem mehrdimensionalen Gebilde, das man mit einem Hologramm vergleichen könnte – so wird über das Sprechen eine Ahnung vom Unaussprechlichen *vermittelt* ...

... oder, wie Gustav Landauer in einem Brief über den ersten Dialog des „Daniel. Gespräche von der Verwirklichung" (1913) schreibt: „... das Pathos der Sache in der Gestalt der Sprache, die so gestaltet ist, dass sie zugleich ganz Sprache des Sprechenden und ganz sprechende Sache ist."[16]
Jochanan Bloch hat diese Einschätzung bestätigt. Er hat gezeigt, dass Buber sprachlich mit größtem Bedacht vorging, und dass seine Metaphern „streng abgewogen" sind, „ja, sie sind von einer erstaunlich rigorosen Systematik durchzogen."[17]

Buber geht es ums Ganze; „die heiligen Insignien des Menschentums, Wurzelhaftigkeit, Verbundenheit, Ganzheit"[18] – das zur Sprache zu bringen, davon ist er begeistert, davon ist er beseelt. „Und er redet und redet, er kann nicht schweigen, es treibt ihn die Flamme im Worte, er weiss, dass er es nicht sagen kann, und versucht es doch immer und immer... Dies ist die Spannung zum Sagen des Unsagbaren, eine Arbeit am Unmöglichen, eine Schöpfung im Dunkel."[19]

Aber was ist mit Gott? Verschwindet er nicht zwischen den Zeilen? Denn das Ganze lässt sich nicht aussagen; nur stückchenweise werden wir seiner teilhaftig: Sagen lassen sich Worte, Sätze. Nichts weiter.
Damit können wir leben. Damit müssen wir arbeiten.

---

[16] Brief vom 25. 7. 1912, Briefe I, S. 306
[17] Bloch, Die Aporie des Du, S. 173
[18] Werke III, S. 967
[19] Ekstatische Konfessionen, S. XXXVI

1.5 Dialog des Schweigens – Schweigen des Dialogs

Wo die Waffen schweigen, donnern die Parolen, klirren die Phrasen, plärren die Kommunikationsmaschinen. Wollten wir die Analogie zwischen Linguistik und Ballistik noch weiter treiben, so könnten wir fragen, ob es da nicht besser wäre, aneinander vorbeizuschießen als aneinander vorbeizureden – wir gingen einander wenigstens an.

Wenn es die zugestandene Möglichkeit verschiedener nebeneinander existierender, aber unvereinbarer Wahrheiten gibt: wozu dann noch Dialog? Worin besteht die Notwendigkeit, worin der Gewinn, wenn man sich begegnet, ohne zueinander kommen zu können, ohne einig werden zu können?
Warum keine hermetisch abgeriegelten Bereiche der Selbstgenügsamkeit, Sicherheitszonen des monologischen Lebens?

Für Buber ist ja Dialog keine Verständigungsmasche, kein Informationsaustauschprogramm, auch kein „kommunikatives Handeln" im Habermasschen Sinn, kein rationaler Diskurs – er ist die Antwort auf die Frage der Existenz.
Der imaginäre Leitfaden durch das heutige philosophische Labyrinth ist der Zweifel. Doch es ist nicht der cartesische Zweifel, der methodisch-nüchtern die behauptete mit der erfahrenen Wirklichkeit vergleicht: Es ist der wilde, rebellische Zweifel, der sich durchs Sprachgestrüpp Bahn bricht zur nie erreichten Wahrheit; es ist die Idee des Zweifels, die vehement gegen die Relikte der Idee des Glaubens an die eine Wahrheit vorgeht.

Das Mittel, die Methode des über sich selbst aufgeklärten Zweifels ist der Dialog. Dieser Dialog zeichnet sich aus durch das Geltenlassen, d. h. das Mit- oder auch nur Nebeneinander des Unvereinbaren. Im Dialog schlägt sich die Erkenntnis nieder, dass in den Bereichen, die durch die Begriffe Weltanschauung, Sinnsuche, Religion grob umrissen sind, einander widersprechende Sätze wahr sein können. Dies bedeutet weder die Suspendierung der Logik noch die Gleichgültigkeit alles Gesagten. Es bezeichnet auch nicht das Ungenügen der Sprache oder des Denkens, sondern den Verzicht, alles auf einen Begriff zu bringen, alles in den Griff bekommen zu wollen.

Dialogik ist der ausdrückliche Verzicht auf die dialektische Synthese des Unvereinbaren, allerdings unter der Maßgabe, nicht in mehr oder weniger verständnisvolles Schweigen zu verfallen. So wird das Fremde im Anderen nicht aufgehoben, sondern das Fremde im Eigenen zum Vorschein gebracht; und als Fremdes muss es ausgehalten werden.

Aber der Dialog hat noch eine andere Seite: Der Mensch ist mit sich allein – und unbehaust; aber in der Unbehaustheit ist er nicht allein: alle anderen sind es auch. In dieser Gemeinsamkeit ein Zuhause zu finden, in der Ungeborgenheit heimisch zu werden, ist eine Möglichkeit, die der Dialog eröffnet. Der Dialog überbrückt nicht nur die Kluft zwischen den Menschen, er überbrückt auch die Abgründe in ihnen selbst.

Vielleicht sollte man schweigen, um die Worte, die vielgebrauchten, missbrauchten, zu entlasten, zu erlösen? Das Wort negiert nicht das Schweigen und das Schweigen negiert nicht das Wort: beide können einträchtig miteinander existieren wie Geschwister – wenn nicht das Wort ein vernichtendes ist und das Schweigen ein tödliches.

Es gibt ja das Verstehen ohne Worte.

Es gibt das Schweigen.

Es ist immer da. Es ist hinter den Worten, und zwischen den Worten, und in den Worten. Es ist das, was bleibt, wenn die Worte versiegen.

Es ist alles gesagt.

Es bleibt alles zu sagen. Wieder und wieder.

Dialog beginnt, bevor noch ein Wort gesprochen ist, und er endet nicht nach dem letzten Wort.

2 Martin Buber und die Krise des Denkens

Die Darstellung eines philosophischen Denkweges, einer Lehre oder eines Systems, stößt regelmäßig auf vorhersehbare Schwierigkeiten.
Berücksichtigen wir zunächst nur die Sprache: bei aller angestrebten Präzision und Unmissverständlichkeit bleibt immer ein Rest an Mehrdeutigkeit. Nicht zuletzt dieser ist es, der es lohnend, weil fruchtbar erscheinen lässt, sich immer wieder mit einem Text zu befassen.
Dies gilt natürlich in besonderem Maße bei Autoren, die sich nicht um eine sachliche, nüchterne – sagen wir ruhig: akademische – Sprache bemühen, sondern im Gegenteil einen bilderreichen, anspielungsreichen, „vielsagenden" Stil wählen; von anderen, zeitlich, kulturell oder individuell bedingten sprachlichen Eigenheiten, die das „Allgemeinverständnis" erschweren, einmal ganz abgesehen.

Texte werden von Menschen gemacht; in ihren Worten schlägt sich nieder, was Signum ihrer Lebendigkeit ist: Zeitlichkeit, Geschichtlichkeit, Erfahrung, Entwicklung – also Biographisches. Dies lässt sich ablesen an Widersprüchen, Inkonsistenzen und Inkonsequenzen, an abgebrochenen Gedankengängen, verschütteten Denkwegen, an Richtungsänderungen und Schwerpunktverlagerungen.
Die angedeuteten Schwierigkeiten kumulieren selbstredend bei einem Denker, der ausdrücklich versichert, keine Lehre und kein System zu haben; der sich auf seine eigenen Erfahrungen und Erlebnisse beruft und seine daraus gewonnenen Erkenntnisse in einer Vielzahl heterogener Schriften verstreut vorlegt.
Hier und jetzt soll nicht entschieden werden, ob das Werk Martin Bubers zum System zusammengedacht, zum Denkgebäude zusammengezimmert werden kann. (Soviel ist klar: selbst wenn es kein System ist, entbehrt es doch nicht einer gewissen, vielleicht nicht methodischen, aber gedanklichen Systematik.)
Immerhin geht es nicht darum, Bubers Werk als Ganzes zu vermitteln, sondern darum, das Zentrum seines Denkens zu lokalisieren, gewissermaßen den Punkt, um den sein nahezu unüberschaubares Werk zirkuliert; dasjenige, auf das er in immer neuen Andeutungen verweist.

Hierzu scheint es angebracht, uns der geistigen Herkunft Martin Bubers zu vergewissern und das kulturelle Klima, in das er eingebettet war, zu untersuchen, also die äußeren und inneren Bedingungen, unter denen sein Weltbild sich formierte.

2.1 Bubers Anfänge: Philosophisches Beginnen

Wann beginnt ein Mensch zu philosophieren? Als Antwort auf diese Frage lässt sich wohl in den allerwenigsten Fällen ein Zeitpunkt exakt benennen – auch nicht bei Martin Buber. Allerdings gibt es bei ihm einige Kindheitserlebnisse, die nach seinem eigenen Bekunden einen entscheidenden Einfluss auf seine geistige Entwicklung, auf sein Denken und Wirken hatten.
Im Folgenden soll kurz die geistige Entwicklung Martin Bubers nachgezeichnet werden, so wie sie sich aus dem biographischen Material rekonstruieren lässt.[20] Dabei sollen schwerpunktmäßig diejenigen Ereignisse und Erlebnisse berücksichtigt werden, die sich – das Ganze des Lebens und des Lebenswerks im Blick – als Vorausahnungen, Vorankündigungen des dialogischen Prinzips deuten lassen – ohne allerdings eine „schicksalhafte" Folgerichtigkeit suggerieren zu wollen.[21]

Der Tatsache Rechnung tragend, dass sich ein Leben nie als bloße Linie, geschweige als gerade Linie nachzeichnen lässt, sollen die Fakten durch ausgewählte Briefstellen sowie Bubers Sicht der Dinge, wie sie in späteren autobiographischen Schriften zum Ausdruck kommt – mit der bewussten oder unbewussten Tendenz, sein Leben zu „runden" –, kontrapunktiert werden.
Die Genese eines Weltbildes ist ja ein mehrdimensionaler Prozess, den man zwar in wesentlichen Verläufen beschreiben kann, nicht aber in seiner Ganzheitlichkeit erfassen, zumal da der innere Weg nur insoweit zugänglich und somit darstellbar ist, als Buber ihn selbst beschrieben hat. Im Vollzug stellt sich das Leben aber ganz anders dar als in der Erinnerung: bestimmten Vorfällen kann so nachträglich ein Sinn zugeschrieben werden; andererseits können wir nicht sicher sein, tatsächlich an allen richtungsweisenden Erleb-

---

[20] Zu den biographischen Angaben vgl. Wehr, Martin Buber
[21] Zu Bubers Auffassung des Schicksals-Begriffs vgl. Kap. 4

nissen teilhaben zu können, denn oft sind es gerade die ganz unscheinbaren Begegnungen, die äußerlich ereignislosen Stunden, vielleicht nur ein paar zufällig, zusammenhanglos aufgeschnappte Worte, die Entscheidendes geschehen lassen.
Was wir betreiben können, ist Spurenlese, Archäologie; was wir erlangen können, ist Wissen, nicht Leben.

Martin Buber wurde 1878 in Wien geboren. Als er etwa vier Jahre alt war, trennten sich seine Eltern. Der kleine Martin wurde von seinen Großeltern im polnischen Lwow (Lemberg) aufgezogen.
Das Bewusstsein, ohne Mutter aufwachsen zu müssen, hat sich ihm als Urerfahrung eingeprägt. Buber berichtet später in seinen autobiographischen Fragmenten, die er mit „Begegnung" überschrieben hat, über eine seiner frühesten Erinnerungen:

> „Das Kind selber erwartete, seine Mutter bald wiederzusehen; aber es brachte keine Frage über die Lippen. ...
> Das Haus, in dem meine Großeltern wohnten, hatte einen großen quadratischen Innenhof, umgeben von einem bis ans Dach reichenden Holzaltan ... Hier stand ich einmal, in meinem vierten Lebensjahr, mit einem um mehrere Jahre älteren Mädchen, der Tochter eines Nachbarn, deren Aufsicht mich die Großmutter anvertraut hatte. Wir lehnten beide am Geländer. Ich kann mich nicht erinnern, dass ich zu meiner überlegenen Gefährtin von meiner Mutter gesprochen hatte. Aber ich höre noch, wie das große Mädchen zu mir sagt: ‚Nein, sie kommt niemals zurück.' Ich weiß, dass ich stumm blieb, aber auch, dass ich an der Wahrheit des gesprochenen Wortes keinen Zweifel hegte. Es blieb in mir haften, es verhaftete sich von Jahr zu Jahr immer mehr in meinem Herzen, aber schon nach etwa zehn Jahren hatte ich begonnen, es als etwas zu spüren, was nicht bloß mich, sondern den Menschen anging."[22]

Buber empfand das Verhältnis zu seiner Mutter als „Verfehlen einer wirklichen Begegnung" und erfand dafür das Wort „Vergegnung": „Als ich nach weiteren zwanzig Jahren meiner Mutter wiederbegegnete ..., konnte ich in ihre immer noch zum Erstaunen schönen Augen nicht blicken, ohne irgendwoher das Wort ‚Vergegnung', als ein zu mir gesprochenes Wort, zu vernehmen."[23]

---
[22] Begegnung, S. 10
[23] Begegnung, S. 11

Der Vater hat in ganz anderem Sinne Einfluss auf Bubers Lebensmotiv des Dialogischen genommen, „gleichsam gar nicht vom Geiste her"[24].
Carl Buber hatte die starken geistigen Interessen seiner Jugend zurückgestellt, um sich den konkreten Dingen des Lebens zu widmen: in der Bewirtschaftung seines Landguts in Ostgalizien fand er seine Aufgabe. Dabei hat seine Haltung zu den Dingen und Menschen einen tiefen Eindruck beim heranwachsenden Martin hinterlassen:

> „Er (der Vater) hatte die Technik seiner Zeit auf seinem Gebiete gemeistert. Aber um was es ihm eigentlich ging, merkte ich, wenn ich mit ihm inmitten des großen Rudels herrlicher Pferde stand und zusah, wie er ein Tier nach dem anderen nicht etwa bloß freundlich, sondern geradezu persönlich begrüßte ... Es ging diesem ganz unsentimentalen und ganz unromantischen Menschen um den echten menschlichen Kontakt mit der Natur, einen aktiven und verantwortlichen Kontakt."[25]

Buber fügt hinzu, so habe er etwas kennen gelernt, „was er von keinem der vielen von ihm gelesenen Autoren erfahren hatte."[26]
Das Beispiel des Vaters hatte aber auch durch dessen Umgang mit Menschen einen elementaren Einfluss auf das dialogische Denken. Buber ist beeindruckt vom unideologischen, selbstverständlichen Tun:

> „Wie er am Leben all der Menschen teilnahm, die von ihm in der einen oder anderen Weise abhingen, ... das leitete sich von keinen Prinzipien ab, es war Fürsorge nicht im üblichen, sondern im personhaften Sinn. ... Der blicklosen Wohltätigkeit war er ingrimmig abgeneigt; verstand keine andere Hilfe als die von Person zu Person, und die übte er. ... wie anders hätte das geschehen können als durch den wahren Kontakt!"[27]

In einer weiteren Episode deutet sich an, was Buber selbst immer wieder betont: dass sich sein Denken seinen eigenen Erfahrungen verdankt.
Auf dem Gut seiner Großeltern, wo er die Sommerferien verbrachte, schlich er, sooft er es unbeobachtet tun konnte, in den Pferdestall, um dem Apfel-

---

[24] Begegnung, S. 17
[25] Begegnung, S. 18
[26] Begegnung, S. 18
[27] Begegnung, S. 18f.

schimmel den Nacken zu kraulen. „Das war für mich kein beiläufiges Vergnügen, sondern eine große, zwar freundliche, aber doch auch tief erregende Begebenheit"[28], schreibt er und gibt der „sehr frisch gebliebenen Erinnerung (seiner) Hand" aus der Sicht des dialogischen Philosophen eine Deutung:

> „... was ich an dem Tier erfuhr, war das Andere, die ungeheure Anderheit des Anderen, die aber nicht fremd blieb ... Wenn ich über die mächtige, zuweilen verwunderlich glattgekämmte, zu anderen Malen ebenso verwunderlich wilde Mähne strich und das Lebendige unter meiner Hand leben spürte, war es, als grenzte mir an die Haut das Element der Vitalität selber, etwas, das nicht ich, gar nicht ich war, gar nicht ich-vertraut, eben handgreiflich das Andere, nicht ein Anderes bloß, wirklich das Andere selber, und mich doch heranließ, sich mir anvertraute, sich elementar mit mir auf Du und Du stellte."[29]

Dieser unmittelbaren Erfahrung des Anderen gesellt sich sogleich die andere bei, die des Scheiterns, des Abfalls vom Du, des Verlustes der Unmittelbarkeit: „Einmal ... fiel mir über dem Streicheln ein, was für einen Spaß es mir doch mache, und ich fühlte plötzlich meine Hand. Das Spiel ging weiter wie sonst, aber etwas hatte sich geändert, es war nicht mehr Das."[30]

Hatte Buber schon den Vater als „exemplarische Erscheinung"[31] charakterisiert, so waren es doch die prägenden Persönlichkeiten seiner Großeltern, die seinem Leben die entscheidende Richtung gaben.

Die Großmutter, die in einer galizischen Kleinstadt aufgewachsen war, „wo bei den Juden das Lesen ‚fremden' Schrifttums verpönt war, für die Mädchen aber alle Lektüre, mit Ausnahme erbaulicher Volksbücher, als unziemlich galt"[32], hatte dort „heimlich und gründlich" verschiedene deutsche Bücher gelesen. So kam es, dass sie die deutsche Sprache „wie einen gefundenen Schatz hütete."[33] Später erzog sie ihre zwei Söhne „in der Ehrfurcht vor dem gültigen Wort, das nicht zu umschreiben ist."[34]

---

[28] Begegnung, S. 25
[29] Begegnung, S. 25f.
[30] Begegnung, S. 26
[31] Begegnung, S. 17
[32] Begegnung, S. 10
[33] Nachlese, S. 12
[34] Begegnung, S. 10

Denselben Einfluss übte sie auch auf den Enkel aus, der noch etwas anderes beobachtete:

> „... auch wenn sie offensichtlich das Ergebnis einer Reflexion mitteilte, nahm es sich aus, als beschriebe sie etwas Wahrgenommenes, und das kam zweifellos daher, dass Erfahrung und Nachdenken bei ihr nicht zwei Stadien, sondern gleichsam zwei Seiten desselben Prozesses waren ... und wenn ich sie ganz allein beim Nachsinnen betraf, erschien es mir zuweilen, als horchte sie."[35]

Der Großvater, Großgrundbesitzer und Unternehmer, hatte die Tagesgeschäfte seiner Frau übergeben, um sich dem „Studium der Lehre" widmen zu können. Obwohl Autodidakt, hat Salomon Buber als Talmudgelehrter und Wissenschaftler Berühmtheit erlangt. Als „echter Philolog"[36] gibt er die ersten kritischen Ausgaben der Midraschim heraus, die nachbiblischen hebräischen Texte, „diese keinem anderen Schrifttum vergleichbaren, an Sagen, Sprüchen und edlen Gleichnissen überreichen Bücher der Bibeldeutung, in denen sich, zerstreut in tausend Fragmenten, eine zweite Bibel, die Bibel des Exils, verbirgt."[37]

Diese Tätigkeit und das dahinter stehende Wesen hat bei Martin Buber einen derart nachhaltigen Eindruck hinterlassen, dass er noch Jahre später, nachdem er längst in die Welt gegangen ist, sein Philosophiestudium begonnen und zionistische Aktivitäten aufgenommen hat, an die Großeltern schreiben kann:

> „Ich habe, seit ich von zu Hause fort bin, viele Geistesmenschen kennen gelernt: Künstler, Dichter und Männer der Wissenschaft. Aber niemals wieder habe ich die kindliche Wunderkraft des Geistes, die Macht eines starken und einfachen Strebens so rein und schön verkörpert gesehen wie bei Großpapa, niemals wieder ist mir ein Forscher und Gedankenarbeiter so liebenswürdig erschienen"[38].

Aber nicht nur Persönlichkeiten haben Buber geprägt, gleichermaßen die Atmosphäre des ostgalizischen Judentums, in der er aufwuchs. Hier trafen

---

[35] Begegnung, S. 14
[36] Begegnung, S. 12
[37] Mein Weg zum Chassidismus, Werke III, S. 964
[38] Briefe I, S. 153

sich zwei Strömungen des jüdischen Lebens: die Haskala, eine Art jüdischer Aufklärung, die der Moderne zugewandt war, und andererseits der Chassidismus, eine im 18.Jahrhundert entstandene Erneuerungsbewegung jüdischer Frömmigkeit mit ihrer volkstümlichen Mystik.[39]
Insbesondere der Chassidismus hat Buber sein Leben lang beschäftigt. Nicht nur, dass er etliche Sammlungen mit chassidischen Geschichten und Schriften zum Chassidismus herausgegeben hat[40], die „chassidische Botschaft"[41] ist geradezu zum Fundament, zum Grundton seines gesamten Denkens geworden. Die Substanz dieser Lehre lässt sich für Buber in einem Satz zusammenfassen: „Gott ist in jedem Ding zu schauen und durch jede reine Tat zu erreichen."[42] Dieser Satz könnte auch als Motto über Bubers dialogischer Philosophie stehen.

Für Buber kam es nicht darauf an, „in einzelnen Stunden nur und mit bestimmten Worten und Gebärden Gott zu dienen, sondern mit dem ganzen Leben, mit dem ganzen Alltag, mit der ganzen Weltlichkeit."[43] Daher konnte er auch der sprichwörtlichen Gesetzestreue des orthodoxen Judentums mit seinen strengen Gebetsriten, Reinigungs- und Speisevorschriften nichts abgewinnen.

2.2 Akademische Studien

Es sind solche unscheinbaren Episoden, in denen zentrale Motive von Bubers Denken ungeformt auftauchen, kurz anklingen, um von ihm später, nach einer Zeit der Reifung, umgedacht und ausgearbeitet zu werden: Sein Denken ist nicht ausgedacht. Der Erlebnis-Charakter verbürgt eine innere Wahrheit, eine Authentizität, die sich der Nachprüfbarkeit entzieht – aber als Höchstpersönliches erscheint sie unbezweifelbar.

Man könnte sicher das gesamte Denken Bubers aus seiner Biographie ableiten; aber Biographie ist nicht das ganze Leben und schon gar nicht das

---

[39] Vgl. Wehr, S. 20ff.
[40] Werke III: Schriften zum Chassidismus
[41] Titel einer Abhandlung von 1952, jetzt in: Werke III, S. 739-894
[42] Mein Weg zum Chassidismus, Werke III, S. 962
[43] Mein Weg zum Chassidismus, Werke III, S. 962

ganze Denken. Biographie reduziert das Leben auf seinen Ereignis-Charakter. Vernachlässigt wird die Eigengesetzlichkeit des Denkens, das zwar äußerer Anstöße bedarf, aber einmal in Gang gesetzt sich zwischen den Polen Freiheit und Schicksal[44] seinen Weg bahnt.

Für uns bleibt die Frage entscheidend, ob diesem aus der Erfahrung gespeisten Denken dennoch eine überpersönliche, philosophische Relevanz abzugewinnen ist, ob also Bubers Erkenntnisse intersubjektiv vermittelbar sind.

Es ist schon darauf hingewiesen worden, dass Buber ein Studium aufnahm. Erste Erfahrungen mit philosophischer Lektüre hatte er schon gehabt. Die Beschäftigung mit der Frage nach Zeit und Ewigkeit hatte beim Fünfzehnjährigen eine „katastrophale Situation"[45] ausgelöst; es ging ihm „um die Wirklichkeit der Welt, in der man zu leben hatte, und die hatte das Angesicht des Absurden und Unheimlichen angenommen."[46] Es ist bezeichnend, dass der junge Buber den Ausweg aus der Krise nicht in der Rückbesinnung auf die Autorität der Religion sucht. Erst Kants „Prolegomena zu einer jeden künftigen Metaphysik" brachten dem gepeinigten Jüngling Beruhigung, indem die Frage letztlich für unlösbar erklärt wird, weil Raum und Zeit bloße Formen unserer sinnlichen Anschauung seien.

Doch kaum hatte Buber durch Kant „die philosophische Freiheit"[47] erlangt, „bemächtigte sich" seiner ein anderes Buch: Nietzsches „Also sprach Zarathustra". Dieses wirkte auf ihn „in der Weise des Überfalls und der Freiheitsberaubung"[48]. Es dauerte Jahre, bis Buber sich davon freimachen konnte, bis er Nietzsches Konzeption der Zeit als „ewige Wiederkehr des Gleichen" als „Scheingeheimnis"[49] durchschaut hatte und zu seiner eigenen Deutung „des offenbaren Geheimnisses der Einmaligkeit alles Geschehens"[50] durchgedrungen war. Allerdings betrachtete sich Buber für lange Zeit

---

[44] Zu diesen Begriffen vgl. Kap. 5
[45] Begegnung, S. 27
[46] Begegnung, S. 29
[47] Begegnung, S. 29
[48] Begegnung, S. 30
[49] Begegnung, S. 31
[50] Begegnung, S. 31

ausdrücklich als Nietzsche-Schüler, und auch später sind noch deutliche Nietzsche-Einflüsse erkennbar.[51]

In dieser Situation immatrikulierte sich Buber im Herbst 1896 an der Universität von Wien. Er schien noch keine klare Vorstellung von dem zu haben, was er wollte; aus dieser Orientierungslosigkeit heraus belegte er Philosophie, Germanistik, Kunstgeschichte und Psychologie. Aber die beiden Semester in Wien hinterließen keinen besonderen Eindruck.

> „Nur ... das Seminar als solches übte sogleich einen starken Einfluss aus: der geregelte und doch freie Umgang zwischen Lehrern und Schülern, das gemeinsame Interpretieren von Texten ..., und das mitunter von aller schulmäßigen Geläufigkeit befreite Tauschen von Frage und Antwort, all dies erschloss mir, intimer als irgendeins der gelesenen Bücher, die eigentliche Tatsache des Geistes, als eines ‚Zwischen'."[52]

Die stärksten Eindrücke erhält er vom Burgtheater, wo er „das Wort, das ‚richtig' gesprochene Menschenwort"[53] recht eigentlich aufnahm: Die Sprache gewann ihm erst als künstlerisch gesteigerte ihre Adäquatheit.

Studiensemester in Leipzig und Zürich folgten. Wiederum zeigt sich Buber in dieser Lebensphase auf dem Gebiet des Unbewussten, des Emotionalen am empfänglichsten.

> „Was (in Leipzig) am stärksten auf mich gewirkt hat, war zweifellos das Hören von Bachs Musik ... Aber ich würde vergeblich zu sagen unternehmen, ja ich kann es nicht einmal mir selbst klarmachen, auf welche Weise Bach mein Leben beeinflusst hat; offenbar wurde der Grundton meines Lebens irgendwie modifiziert und erst von da aus der Gedanke."[54]

Erst als er zum Wintersemester 1899 nach Berlin wechselt, erhält er neue geistige Anregungen. Er hört Vorlesungen bei Wilhelm Dilthey und Georg

---

[51] Vgl. Mendes-Flohr, S. 9
[52] Begegnung, S. 32f.
[53] Begegnung, S. 33
[54] Begegnung, S. 35

Simmel. Insbesondere die soziologische Theorie von Simmel hat einen entscheidenden Einfluss auf Bubers weiteren Weg.[55]

Insgesamt sind diese Jahre eine Zeit des Zweifelns und des Suchens. Aber Buber fühlt sich zu Größerem berufen. Schon in einem Brief vom 15. 8. 1899 an seine spätere Frau Paula Winkler schreibt er: „Für das, was ich zu sagen habe, ist die Zeit noch nicht da ... Vielleicht kommt auch noch der Blitz, der aus mir Eigenstes herauslockt."[56]

2.3 Bubers Weg zum Chassidismus

Buber war allerdings noch längst nicht so weit, dass er sich für die Beziehungen zwischen den Menschen interessierte; bevor er zum Du finden konnte, musste er den anderen Pol der Beziehung erforschen: das Ich. Er tat dies von einem kulturkritischen Standpunkt aus. Wie viele Intellektuelle seiner Zeit empfand auch Buber ein Unbehagen an der Moderne. Industrialisierung, Verstädterung und der Aufstieg der kapitalistischen Gesellschaft waren für sie vom Niedergang des Geistes begleitet. Mit Nietzsche hielt Buber die Krise der Kultur für eine geistige Krise, „und daher konnte dem modernen Menschen die Rettung seiner geistig-ästhetischen Empfindsamkeit nur aus der Bestätigung seines innersten Selbst, des Allerheiligsten des Geistes, erwachsen."[57]

So widmete sich Buber in der zweiten Hälfte seiner Studienjahre der Mystik. Zunächst war es die deutsche Mystik des ausgehenden Mittelalters (Meister Eckhart), der Renaissance (Nikolaus von Kues) und des beginnenden Barocks, durch die er sich begeistern ließ. Im Jahre 1904 promovierte er in Wien mit einer Schrift über Gottesschau und Geisteserfahrung bei dem nachreformatorischen Mystiker und Theosophen Jakob Böhme. Seine Dissertation trägt den Titel: „Beiträge zur Geschichte des Individuationsproblems".[58]
Bald kam die Beschäftigung mit jüdischer Mystik hinzu.

---
[55] Vgl. Mendes-Flohr, S. 8f.
[56] Briefe I, S. 148
[57] Mendes-Flohr, S. 9
[58] Vgl. Wehr, S. 60f.

Lange Zeit hatte Buber sein Judentum verdrängt, die hebräische Sprache vernachlässigt. Der Zionismus gab ihm den ersten Anstoß; er bedeutete für Buber „die Wiederherstellung des Zusammenhangs, die erneute Einwurzelung in die Gemeinschaft."[59] Das politische Bekenntnis genügte ihm nicht; als zweiter Schritt kam das Erkennenwollen hinzu, und zwar nicht das wissenschaftliche, sondern „das unmittelbare Erkennen, das Aug-in-Auge-Erkennen des Volkstums in seinen schöpferischen Urkunden."[60]

Er vertiefte sich in die chassidischen Schriften, „erst immer wieder von spröder, ungestalteter Materie abgestoßen, allmählich die Fremdheit überwindend, das Eigne entdeckend, das Selbst anschauend, mit wachsender Andacht"[61], bis ihm „eines Tages ... die Worte entgegenblitzten: ‚Er ergreife die Eigenschaft des Eifers gar sehr. Er erhebe sich im Eifer von seinem Schlaf, denn er ist geheiligt und ein andrer Mensch worden und ist würdig zu zeugen und ist worden nach der Eigenschaft des Heiligen, gesegnet sei Er, als er Welten erzeugte.'"[62]

Buber fühlte sich direkt angesprochen: „Da war es, dass ich, im Nu überwältigt, die chassidische Seele erfuhr."[63] Die Überwältigung erfährt er zugleich als Auftrag:

> „Urjüdisches ging mir auf, im Dunkel des Exils zu neubewusster Äußerung auferblüht die Gottesebenbildlichkeit des Menschen als Tat, als Werden, als Aufgabe gefasst. Und dieses Urjüdische war ein Urmenschliches, der Gehalt menschlichster Religiosität. ... Das Bild aus meiner Kindheit, die Erinnerung an den Zaddik und seine Gemeinde stieg empor und leuchtete mir: ich erkannte die Idee des vollkommenen Menschen. Zugleich wurde ich des Berufs inne, sie der Welt zu verkünden."[64]

Nun war die Zeit der Wirrnis vorbei. In einem Brief an Paula Buber-Winkler vom 25. 8. 1903 hatte Buber noch geschrieben: „Eines beherrscht mich: ich

---

[59] Mein Weg zum Chassidismus, Werke III, S. 966
[60] Mein Weg zum Chassidismus, Werke III, S. 967
[61] Mein Weg zum Chassidismus, Werke III, S. 967
[62] Mein Weg zum Chassidismus, Werke III, S. 967
[63] Mein Weg zum Chassidismus, Werke III, S. 967
[64] Mein Weg zum Chassidismus, Werke III, S. 967f.

will in mein Leben unbedingte Reinheit und Größe bringen, um jeden Preis."[65]

Jetzt sah er die Möglichkeit, dies zu verwirklichen: Er zog sich von öffentlicher Tätigkeit weitgehend zurück zu „einer stillen, ernsten und gesammelten literarischen Arbeit", alles andere wäre „eine Sünde an mir selbst"[66].

Was Buber mit den vorgefundenen Texten anstellt, ist weit mehr als bloße Übersetzung aus dem Jiddischen oder Hebräischen. Buber eignet sich die als unzulänglich empfundenen Quellen an, aber es ist auch mehr als Bearbeitung: es ist Neuschöpfung aus dem Geist des Chassidismus[67]. Das ist für Buber „eine wahre Treue"[68].

Was Buber an den chassidischen Lehren und dem sich in ihnen offenbarenden Geist faszinierte, dürfte aus den zitierten Texten schon deutlich geworden sein: hier fand sein Sendungsbewusstsein das Material, das er sich zu eigen machen und verwandelt der Welt darbieten konnte. Es ist die Idee der „Weltfrömmigkeit"[69], die er dem Chassidismus ablauscht. Er charakterisiert ihn folgendermaßen – und hierin sind schon einige Motive angeschnitten, die erst in der dialogischen Philosophie voll zum Tragen kommen sollen –, wobei insbesondere die Abgrenzung der jüdischen Mystik gegenüber der deutschen zu beachten ist:

> „Der Chassidismus ist kein Pietismus. Er entbehrt aller Sentimentalität und Gefühlsostentation. Er nimmt das Jenseits ins Diesseits herüber und lässt es in ihm walten und es formen, wie die Seele den Körper formt. Sein Kern ist eine höchst realistische Anleitung zur Ekstase, also zu dem Gipfel des Daseins. Aber die Ekstase ist hier nicht, wie etwa bei der deutschen Mystik, ein ‚Entwerden' der Seele, sondern deren Entfaltung; nicht die sich beschränkende und entäußernde, sondern die sich vollendende Seele mündet ins Unbedingte."[70]

---

[65] Briefe I, S. 207
[66] Briefe I, S. 213
[67] „Die Geschichten des Rabbi Nachman" (1906),
„Die Legende des Baal Schem" (1908)
[68] Mein Weg zum Chassidismus, Werke III, S. 969
[69] Die jüdische Mystik, Werke III, S. 15
[70] Die jüdische Mystik, Werke III, S. 15

2.4 Elemente des Zwischenmenschlichen: erster Auftritt

Unter dem Titel „Von der Mystik zum Dialog" hat Paul R. Mendes-Flohr seine Untersuchung der philosophischen Spannungen in Bubers frühem Denken veröffentlicht. Er sieht sie „paradoxerweise durch Soziologie und Mystik markiert"[71]. Wie auch andere, sieht Mendes-Flohr in Simmels philosophischer Analyse der interpersonalen Struktur sozialen Lebens eine Vorwegnahme von Bubers Ontologie der Ich-Du-Beziehung.[72]

Vom Jahre 1906 an betreute Buber als Herausgeber die Reihe „Die Gesellschaft", eine Sammlung von „Studien zur sozialen Psychologie", für die er etliche namhafte Autoren gewinnen konnte. Ziel war „eine Darstellung der seelischen Wirklichkeiten, die aus dem Zusammenwirken von Menschen entstehen."[73]

Für den ersten Band der Reihe verfasste Buber ein Geleitwort, das deshalb bemerkenswert ist, weil in ihm der Terminus des „Zwischenmenschlichen" zum ersten Mal erscheint. Mendes-Flohr gelingt der überzeugende Nachweis, dass in diesem Begriff „sein bestimmender ontologischer Charakter bereits angelegt"[74] ist und führt dies auf Georg Simmels Einfluss zurück.

Simmel hatte Gesellschaft als eine „objektive Form subjektiver Seelen" definiert[75]. „In seiner *Soziologie* legt Simmel dar, dass das Wissen des Individuums um Vergesellschaftung – das Wissen darum, dass ein anderer Partner der Wechselwirkung ist – epistemologischen Status genießt, d. h. sich nicht auf die Welt der Natur oder der räumlich-zeitlichen Objekte zurückführen lässt."[76] Dies beruht für Simmel auf der Gewissheit der eigenen Existenz, dem „Gefühl des seienden Ich", und dieselbe Sicherheit „hat für uns ... auch die Tatsache des Du."[77]

---

[71] Mendes-Flohr, S. 7
[72] Vgl. Mendes-Flohr, S. 8
[73] Brief an Hermann Stehr vom 20.5.1905, Werke III, S. 230
[74] Mendes-Flohr, S. 29
[75] Zitiert nach Mendes-Flohr, S. 23
[76] Zitiert nach Mendes-Flohr, S. 23
[77] Zitiert nach Mendes-Flohr, S. 23

Buber greift die Idee der Wechselwirkung auf und prägt dafür den Begriff des *Zwischenmenschlichen*: „Das Problem des Zwischenmenschlichen ruht auf der Existenz verschieden gearteter zwecksetzender Einzelwesen, die *miteinander leben und aufeinander wirken.*"[78] Angeregt von Diltheys Forderung, psychologische Erkenntnisse in die Geisteswissenschaften einzubringen, interpretiert Buber das Zwischenmenschliche sozialpsychologisch:

> „Soziale Formen, Gebilde und Aktionen sind der Ausdruck und der Ursprung seelischer Vorgänge und wollen in Beziehung zu diesen untersucht werden. – Aus Empfindungen und Willensregungen entsteht das Soziale und löst neue Empfindungen und Willensregungen aus. Es verläuft in seelischem Kreise und ist auf seinen Sinn hin betrachtet nichts als Seele. Was zwischen den Menschen geschieht, geschieht zwischen Komplexen psychischer Elemente und ist nur so verständlich."[79]

Das „Zwischenmenschliche" steht hier natürlich noch nicht im dialogischen Kontext. Als sozialpsychologische Kategorie konzipiert, hat es erst später seine dialogischen Qualitäten erweisen können.

Zwar hat Mendes-Flohr Recht, wenn er im Begriff des Zwischenmenschlichen den soziologischen Begriff der Wechselwirkung radikal umgedeutet sieht „zu einem Begriff der ontologischen Ethik"[80], – wenngleich er eigentlich nur das ethische Potential des Begriffs meinen kann, das aber bei Buber hier allenfalls latent vorhanden ist –, nicht zustimmen kann ich allerdings seiner Interpretation, das Zwischenmenschliche sei ein Synonym zum „Zwischen", wie Buber es viel später (1947) definiert: „Diese Sphäre, mit der Existenz des Menschen als Menschen gesetzt, aber begrifflich noch unerfasst[81], nenne ich die Sphäre des Zwischen. Sie ist eine Urkategorie der menschlichen Wirklichkeit ... Das Zwischen ist nicht eine Hilfskonstruktion, sondern wirklicher Ort und Träger zwischenmenschlichen Geschehens"[82].

---

[78] Geleitwort, S. X (zitiert nach Mendes-Flohr, S. 36)
[79] Geleitwort, S. XIf. (zitiert nach Mendes-Flohr, S. 37)
[80] Mendes-Flohr, S. 44
[81] Das heißt ja wohl, dass Buber den ihm geläufigen Begriff des „Zwischenmenschlichen" hier nicht anwenden will. Die beiden Begriffe überschneiden sich zwar, sind aber nicht deckungsgleich.
[82] Das Problem des Menschen, Werke I, S. 405

Dieses Zwischen ist aber nicht die neutrale Welt der Sachverhalte. Den entscheidenden Unterschied zum soziologischen Begriff erhält das Zwischen durch seine dialogische Nuancierung: weil es „sich nach Maßgabe der menschlichen Begegnungen jeweils neu konstituiert", zwischen den an einer wirklichen Begegnung Beteiligten, und zwar *nur* zwischen ihnen, „gleichsam in einer nur ihnen beiden zugänglichen Dimension."[83]

Damit revidiert Buber seine eigene frühere Auffassung zwischenmenschlicher Phänomene als soziale[84] und psychische[85]. Das Soziale und das Zwischenmenschliche in der neuen Interpretation gehören aber zu „zwei wesensverschiedenen Bereichen der Menschenwelt."[86] Das Zwischenmenschliche fällt nun in den anderen Bereich, wo es darauf ankommt, dass „jedem von zwei Menschen der andere als dieser bestimmte Andere widerfährt ..., wobei er den andern nicht als sein Objekt betrachtet und behandelt, sondern als seinen Partner in einem Lebensvorgang."[87]

Selbst wenn Mendes-Flohr richtig diagnostiziert, dass in Bubers Frühschriften die soziologischen Begriffe „ihrer sozialen und inter-personalen Bedeutung weitgehend beraubt" seien, kann seiner Folgerung, Bubers Interesse an Soziologie sei durch seinen Drang zur Mystik überlagert, nur bedingt zugestimmt werden: Die Soziologie als „die Wissenschaft von den Formen des Zwischenmenschlichen"[88], war, nachdem Buber einmal das ihm Gemäße daraus geschöpft hatte, zwar nicht mehr das beherrschende Arbeitsgebiet, aber immerhin gab er bis 1912 vierzig Bände der „Gesellschaft" heraus. Einzelne Fachwissenschaften genügten ihm nicht mehr; er sammelte Bausteine zu einer philosophischen Anthropologie, in der Erkenntnisse aus den Einzelwissenschaften zusammenflißen und in Wechselwirkung treten sollten.

An dieser Stelle soll darauf hingewiesen werden, dass Buber den Begriff der Wechselwirkung durchaus nicht nur im soziologischen Kontext kennen lernte, sondern auch in jenem Grenzbereich zwischen Mystik und Erkennt-

---

[83] Das Problem des Menschen, Werke I, S. 405
[84] Vgl. Elemente des Zwischenmenschlichen, Werke I, S. 269
[85] Elemente des Zwischenmenschlichen, Werke I, S. 272
[86] Elemente des Zwischenmenschlichen, Werke I, S. 269
[87] Elemente des Zwischenmenschlichen, Werke I, S. 271
[88] Geleitwort, S. XII, nach Mendes-Flohr, S. 38

nistheorie, wie ihn Gustav Landauer in seiner Schrift „Skepsis und Mystik" von 1903 beschrieb. Landauer, den Buber schon damals kannte und dessen Denken er schätzte, schrieb: „Es gibt keine toten Naturgesetze; ... Ursache – Wirkung ist ein Fließen vom Einen zum Anderen; und wenn das vielleicht um ein winziges bereicherte Andere wieder zum Einen zurückströmt und so ein ewiges Hin- und Widerfluten entsteht, wird wohl das daraus, was man Wechselwirkung nennt".[89]

Landauers Denken blieb übrigens auch auf Bubers mystische Einheitslehre und selbst auf bestimmte Elemente seines dialogischen Prinzips nicht ohne erheblichen Einfluss.

Nach der Einschätzung von Mendes-Flohr „lag Buber an dieser Station seines intellektuellen Lebens die Neubelebung der Gesellschaft mehr am Herzen als deren Neuordnung."[90] Dies stellte für Buber schon damals keinen Gegensatz dar – in einem Brief an Gustav Landauer hält er es „für höchst wünschenswert, dass in der Zeit einer so paradoxen Revolution, wie die ist, die wir miterleben dürfen, ein wesentliches Wort darüber gesagt wird, was die Revolution als seelischer Prozess ist"[91], und in einem Vortrag vor der „Neuen Gemeinschaft" hatte er schon um die Jahrhundertwende gesagt: „Wir wollen nicht Revolution, wir sind Revolution."[92] In Bubers Wendung zur Dialogizität wird sich genau deren Einheit erweisen: Neubelebung als Neuordnung.

Auch das Zwischenmenschliche als soziologische Kategorie beschäftigte ihn weiter, wie sich einem Brief entnehmen lässt:

> „Das kleine Buch über die Geschlechter, das in der Sammlung erscheinen soll, denke ich mir als Prolegomena zu einer Deduktion des Zwischenmenschlichen. Wenn

---

[89] Landauer, Skepsis und Mystik, S. 11
[90] Mendes-Flohr, S. 10
[91] Brief vom 26. 7. 1907, Briefe I, S. 245
  Landauer verfasste für „Die Gesellschaft" den Beitrag „Die Revolution". Vgl. auch Landauers Aufsatz „Die Geburt der Gesellschaft" von 1907, in dem er die damalige Zeit als „unsere Zwischenzeit" bezeichnet (neu herausgegeben in: Erkenntnis und Befreiung. Ausgewählte Reden und Aufsätze. Frankfurt am Main 1976)
[92] Vgl. Harry Pross, Zur Einleitung (Gustav Landauer, Revolution. Neuausgabe Berlin 1974), S. XXVII

ich jemals dazu kommen sollte, diese Deduktion selbst zu schreiben, so wird im Mittelpunkt wieder das Geschlechtsproblem stehen müssen."[93]

Mit dieser Erklärung lässt sich erneut Biographisches aufhellen und zugleich ergibt sich ein Durchblick zum „Du" des dialogischen Prinzips.

Im Jahre 1899 hatte Buber in Zürich Paula Winkler kennen gelernt, die dort studierte. In einem Schriftstück aus dem Jahr 1902, „Für Dich" überschrieben, gibt Buber preis, was seine Gefährtin ihm für sein Leben bedeutet: „Erst als Du zu mir kamst, habe ich meine Seele gefunden. ... Du kamst und gabst mir meine Seele. Ist nicht meine Seele so: Dein Kind? Und so wirst du es lieben müssen ..."[94]

Schon in einem Brief an Paula Buber-Winkler bewegt ihn „der Gedanke, dass eine Mutter in Dir ist, der Glaube daran. Jetzt weiß ich es: ich habe immer und immer meine Mutter gesucht."[95]
Die Beziehung zur anderen Frau als Suche nach der Mutter? Das Trauma des Mutterverlustes als Auslöser des Dialogischen? Ganz so einfach ist es nicht, aber sicher hat dieser Riss in Bubers Leben seine Auswirkungen. Grete Schaeder weist darauf hin, dass Paula und Martin Buber sich in ihren Briefen jahrelang gegenseitig mit „lieber Maugli" anredeten. Dieser Figur aus Kiplings Dschungelbuch, die Einheit von Natur und Geist personifizierend, fühlten sich beide wesensverwandt. „In diesem Symbol fühlen sich beide eins, so tief eins, dass die Verschiedenheit des Geschlechts verschwindet und *eine* Anrede für sie beide gilt."[96]
Dass Bubers Verbindung zu Paula hier noch eine idealistisch-vergeistigte Komponente hat, belegt ein weiteres Briefzitat: „Überhaupt muss man das ganze Welträtsel an Einen Menschen binden, ... betrachte alle Mysterien, aber in Einem Menschen, der Dein ist, und Du liegst am Herzen der Welt. Denn alles ist in Jedem und nur die Liebe kann es heben."[97]

---

[93] Brief an Hugo von Hofmannsthal vom 26. 6. 1906, Briefe I, S. 244
    Den Beitrag „Die Erotik" verfasste schließlich Lou Andreas-Salomé.
[94] zitiert nach: Grete Schaeder, Einleitung zu Briefe I, S. 36
[95] Briefe I, S. 169
[96] Grete Schaeder, Einleitung, Briefe I, S. 37
[97] Briefe I, S. 177

In „Ich und Du" ist der Grundgedanke noch schemenhaft erkennbar – aber nun vollständig ins Dialogische gewendet: „Gefühle werden „gehabt"; die Liebe geschieht. Gefühle wohnen im Menschen; aber der Mensch wohnt in seiner Liebe.
Das ist keine Metapher, sondern die Wirklichkeit: die Liebe haftet dem Ich nicht an, so dass sie das Du nur zum „Inhalt", zum Gegenstand hätte; sie ist *zwischen* Ich und Du."[98]

In diesen Zitaten sind einige Motive schon vorweg angeklungen, die erst nach der Durchgangsstation des „Zwischenmenschlichen" als soziologischer Kategorie in „Ich und Du" ihre endgültige Gestalt annehmen.
Hierin zeigt sich wiederum die Metamorphose eines Gedankens; wie sich nämlich in Bubers Werk niederschlägt, was man als den Weg der Erkenntnis beschreiben könnte: Am Anfang steht ein persönliches Erlebnis, eine Begegnung, eine emotionale Erfahrung; diese wird irgendwann rationalisiert, d. h. ins Gängige, Wissenschaftliche übersetzt, um nach einer Phase untergründiger, latenter Wirksamkeit und unter befruchtender Einwirkung anderer Motive *verwandelt* hervorzubrechen. Erst nach einer derartigen Gestaltwandlung entfaltet sich seine ganze Tragfähigkeit.

2.5 Ekstase und Bekenntnis

Von den zahllosen Einflüssen, die sich in Bubers Werk nachweisen lassen, gehören die, die sich unter dem Begriff „Mystik" subsumieren lassen, zweifelsohne zu den befremdlichsten, intellektuell verstörendsten.
Bubers Denken vor der Wende zum Dialogischen war bestimmt vom Interesse „am Erlebnis der mystischen Vereinigung"[99], so meint Mendes-Flohr. Dieses hatte zum einen die Ursache darin, dass der junge Buber die Gefahr spürte, dem „schlimmen Wege der Zersplitterung"[100] zu verfallen, zum anderen in seiner Auffassung vom Niedergang des Geistes. Neben Schopenhauers Kulturpessimismus ist hier Nietzsches Beschwörung eines heraklitischen Weltbildes vernehmbar, wonach „alles im Flusse" ist, ein

---
[98] Ich und Du, Werke I, S. 87
[99] Mendes-Flohr, S. 55
[100] Brief an Salomon und Adele Buber vom 31. 1. 1900, Briefe I, S. 153

ständiger Strom von Werden und Vergehen, also letztlich eine Einheit. Damit diese „ewige Wiederkehr des Gleichen" als „ontologische Wirklichkeit jedoch *für* den Menschen wirklich werden kann, muss sie *von* ihm gelebt werden."[101]

In einem Beitrag aus dem Jahre 1900 würdigt der junge Buber Nietzsches Denken emphatisch und deutet den Atheisten um in den Propheten eines kommenden Gottes: Nietzsche „errichtet vor unseren Augen die Bildsäule des heroischen Menschen, der sich selber schafft und über sich selber hinaus. ... Dem Gotte des Weltbeginnes brachte er einen großen Widersacher: den werdenden Gott, an dessen Entwicklung wir mitschaffen können"[102].

Nietzsches Idee der Weiterentwicklung des Menschen zum Übermenschen wurde von einem Kreis um die Brüder Hart aufgegriffen und zu einer pantheistischen Weltanschauung voll optimistischen Überschwangs ausgebaut. „Die neue Welterkenntnis"[103] sollte eine neue Religion hervorbringen, die auf dem Prinzip der Verwandlung[104] beruhte: Gegensätze existieren demnach nur im Denken, nicht im Leben, wo durch die „Welteinheitsanschauung" auch die sozialen Widersprüche aufgelöst werden sollten.

In Berlin wurde die „Neue Gemeinschaft" als ein „Orden vom wahren Leben" gegründet[105], beseelt „vom Willen zur Flucht aus dem Wilhelminismus, aus dem industrialisierten und urbanisierten Deutschland und zur Suche nach einer wesenhaftesten Existenz"[106]. Bei deren Vortragsabenden wirkte auf Anregung Gustav Landauers auch Martin Buber mit[107]; er sprach über „Alte und neue Gemeinschaft"[108].

---

[101] Mendes-Flohr, S. 55
[102] Buber, Ein Wort über Nietzsche und die Lebenswerte, zitiert nach Mendes-Flohr, S. 71
[103] Titel eines Buches von Julius Hart
[104] Später wird dieser Begriff auch bei Buber - vorübergehend - Bedeutung erlangen: in „Daniel" (1913)
[105] Vgl. Zurück, o Mensch, zur Mutter Erde. Landkommunen in Deutschland 1890-1933. Herausgegeben von Ulrich Linse, S. 62ff.
[106] Linse, S. 63
[107] Erich Mühsam schreibt in seinen „Unpolitischen Erinnerungen" über seine Eindrücke: „Martin Buber z. B., noch sehr jung, aber schon priesterlich versonnen, sprach im modernen Geiste von altjüdischer Mystik", in: Mühsam, Ausgewählte Werke, Band 2, S. 494
[108] Vgl. Mendes-Flohr, S. 63ff.

In diesem Vortrag sprach Buber vom Gemeinschaftsgefühl als der Vereinigung des Ich mit der Welt und verglich dies mit dem Überwältigtsein durch das Heiligkeitsgefühl[109]:

> „... in stillen und einsamen Stunden kam uns all unser Mühen ganz sinnlos vor und keine Brücke schien uns von unserm Sein zu dem großen Du zu führen, das wir um uns bis ins unendliche Dunkel hinaus sich erstrecken fühlten. Da aber kam dieses Erlebnis wie ein geheimes Hochzeitsfest: und wir waren von allen Schranken befreit und hatten den unsagbaren Sinn des Lebens gefunden. ...
> ... viele hatten sich auch in Stunden der Weihe im Gefühle der Wesensverwandtschaft und des seligen Tausches mit allen Dingen in Raum und Zeit zu einer Augenblickskrystallisation, zu einer kurzen Festgemeinschaft zusammengefunden."[110]

Ziel ist es, die ekstatischen Augenblicke in den Alltag zu tragen, um damit dem Leben selbst einen neuen Sinn zu geben:

> „Einige aber wollten das Ideal – die Entfaltung der höchsten Eigenheit aus der innigsten Gemeinsamkeit – leben. Ich glaube: sie werden es leben *können*. Im Ideale aber werden sie ... den Sinn des Weltalls, die unendliche Einheit des Werdens, leben."[111]

Auf diese Weise wird „das freie Wachsen und Schaffen der Persönlichkeit" den „Sinn des Menschenlebens" überhöhen und „ein neues Leben schaffen", und zwar ein Leben, „in dem die schöpferische Kraft so glüht und pocht, dass aus dem Leben ein Kunstwerk wird ...: die neue Kunst, die aus dem Ganzen Ganzes schafft und jedem Tage göttliche Festesweihe schenkt."[112]

Buber hat sich – wie auch Landauer – schon bald von der „Neuen Gemeinschaft" getrennt, doch ist das Echo ihrer Weltanschauung in seinem Werk noch länger vernehmbar, vor allem in der Art, wie er in seiner Dissertation das Denken von Nicolaus von Kues und Jakob Böhme darstellt. Mendes-Flohr kommt zu dem Schluss: „Demnach hätte Buber seine Dissertation so-

---

[109] Vgl. Mendes-Flohr, S. 63
[110] Buber, Alte und neue Gemeinschaft, zitiert nach Mendes-Flohr, S. 63
[111] Buber, ebd., zitiert nach Mendes-Flohr, S. 64
[112] Buber, ebd., zitiert nach Mendes-Flohr, S. 64

zusagen als eine Etüde ‚ideologischer' Hermeneutik betrachtet, er hätte also die Quellen mit den Augen der Neuen Gemeinschaft zu lesen versucht."[113]

Das Problem der Individuation, wie in einer Welt der Vielfalt Einheit zustande kommen kann, beschäftigt Buber auch weiterhin.
In seiner Einleitung zu dem Buch „Ekstatische Konfessionen", das 1909 erschien und Zeugnisse mystischen Erlebens verschiedenster Zeiten und Völker sammelt, hat Buber unter dem Titel „Ekstase und Bekenntnis" seine „Einheitslehre", wie Mendes-Flohr sie nennt[114], dargelegt. (Interessanterweise hat Buber diese Einleitung später nicht in eine seiner Aufsatzsammlungen übernommen, weil sie ihm „zu mystisch" war und er nicht mehr dazu stehen konnte.[115])

Buber beginnt mit der Beschreibung eines Mangels:

> „Unser menschliches Lebensgetriebe, das alles einlässt, das ganze Licht und die ganze Musik, alle Tollheiten des Gedankens und alle Varianten des Schmerzes, die Fülle des Gedächtnisses und die Fülle der Erwartung, ist nur e i n e m verschlossen: der Einheit. ... Das Getriebe lässt mich die Dinge haben und die Ideen dazu, nur nicht die Einheit: Welt oder Ich, gleichviel. ... Ich gebe dem Bündel ein Subjekt und sage Ich zu ihm, aber das Subjekt ist keine Einheit, die erlebt wird."[116]

Unter bestimmten Bedingungen kann der Seele „die Gnade der Einheit" widerfahren: „sie erlebt die Einheit des Ich, und in ihr die Einheit von Ich und Welt."[117]
Aber diese Einheit ist noch vom Andern vermittelt.

> „Allein es gibt ein Erlebnis, das aus der Seele selber in ihr wächst, ohne Berührung und ohne Hemmung, in nackter Eigenheit. Es wird und vollendet sich jenseits des Getriebes, vom Andern frei, dem Andern unzugänglich. ... Die Seele, die in ihm steht, steht in sich selber, hat sich selber, erlebt sich selber – schrankenlos. Nicht mehr weil

---

[113] Mendes-Flohr, S. 67
[114] Vgl. Mendes-Flohr, S. 68 ff.
[115] Vgl. Mendes-Flohr, Nachwort, in: Ekstatische Konfessionen, S. 258f.
[116] Ekstatische Konfessionen, S. XXIII
[117] Ekstatische Konfessionen, S. XXIV

sie sich ganz an ein Ding der Welt hingegeben, sich ganz in einem Ding der Welt gesammelt hat, erlebt sie sich als Einheit, sondern weil sie sich ganz in sich eingesenkt hat, ganz auf ihren Grund getaucht ist ..."[118]

Nach Bubers Auffassung gibt es fast keinen Ekstatiker, „der nicht sein Icherleben als Gotterleben gedeutet hätte"[119], und darin sieht er die Vorstellung einer „Vereinigung mit Gott"[120].

Buber ist sich wohl bewusst, dass die Ekstase „ihrem Wesen nach das Unaussprechliche"[121] ist. Weil in der Ekstase die vollkommene Einheit des Ich erlebt wird, in der Subjekt und Inhalt der Erfahrung, Ich und Welt zusammenfließen, ist der Ekstatiker, „ganz über die Vielheit des Ich, über das Spiel der Sinne und des Denkens gehoben, ... auch von der Sprache geschieden, die ihm nicht folgen kann."[122]

Für Buber ist Sprache Erkenntnis, auch wenn sie, als „Botenmagd" geschaffen, „ewig nach dem Einen, dem Unmöglichen verlangt: ... ganz Gedicht zu werden"[123]. „Aber das Erleben der Ekstase ist kein Erkennen."[124] Als Einheit von Ich und Welt ist die Ekstase „die absolute Einsamkeit"[125], denn sie hat alles in sich und nichts außer sich. Es gibt in ihr keine Gemeinschaft und keine Gemeinsamkeit. „Die Sprache aber ist eine Funktion der Gemeinschaft und sie kann nichts als Gemeinsamkeit sagen."[126] Doch die Ekstase ist die Einzigkeit, und daher: das Unsagbare.

Es gibt Ekstatiker, die die absolute Einsamkeit nicht ertragen und die es daher zur Sprache drängt, zum Bekenntnis. „Er redet, er muss reden, weil das Wort in ihm brennt."[127] Das Unsagbare, die Einheit kann er nicht sagen, und

---

[118] Ekstatische Konfessionen, S. XIVf.
[119] Ekstatische Konfessionen, S. XXVI
[120] Ekstatische Konfessionen, S. XVII
[121] Ekstatische Konfessionen, S. XXVIII
[122] Ekstatische Konfessionen, S. XXIX
[123] Ekstatische Konfessionen, S. XXIX
[124] Ekstatische Konfessionen, S. XXX
[125] Ekstatische Konfessionen, S. XXXI
[126] Ekstatische Konfessionen, S. XXXI
[127] Ekstatische Konfessionen, S. XXXV

dennoch lügt er nicht, „der in Bildern, Träumen, Gesichten von der Einheit redet, von der Einheit stammelt."[128] Aber dieses exaltierte Sagenwollen ist nicht nur „Ohnmacht und Stammeln: auch Macht und Melodie", denn der Ekstatiker „will der spurlosen Ekstase ein Gedächtnis schaffen, das Zeitlose in die Zeit hinüberretten, – er will die Einheit ohne Vielheit zur Einheit aller Vielheit machen."[129]

Hier spricht Buber den „großen Mythos" der Menschheit an:

> „…von der Einheit, die zur Vielheit wird, weil sie schauen und geschaut werden will, erkennen und erkannt werden, lieben und geliebt werden will, und, selber Einheit bleibend, sich als Vielheit umfasst; von dem Ich, das ein Du zeugt; von dem Urselbst, das sich zur Welt, von der Gottheit, die sich zum Gotte wandelt."[130]

So verstanden ist „das Erlebnis des Ekstatikers ein Sinnbild des Urerlebnisses des Weltgeistes."[131]

Der Ekstatiker versteht nicht, was ihm in der Ekstase geschieht, aber wiederauftauchend, erwacht in ihm ein Verlangen, „das in der Ekstase erloschen war: sich zu verstehen."[132] Aber da die Ekstase kein Erkennen kennt, bleibt das Verlangen unerfüllt: „Wir horchen in uns hinein – und wissen nicht, welches Meeres Rauschen wir hören."[133]

2.6 Durchbruch

Bis hierher haben wir Bubers Anstrengungen verfolgt, die Einheit durch Versenkung ins Ich zu erlangen. Zuletzt hatte Buber sein Ungenügen an diesem Weg der Erkenntnis formuliert: ein Meer hören wir rauschen, aber wissen nicht, welches es ist.

Zur Welt und ihrem Sinn gelangt das Ich nicht durch die Tiefen des Selbst, sondern über das Du – dieser Schritt ist noch zu vollziehen.

---

[128] Ekstatische Konfessionen, S. XXXV
[129] Ekstatische Konfessionen, S. XXXVII
[130] Ekstatische Konfessionen, S. XXXVII
[131] Ekstatische Konfessionen, S. XXVIII
[132] Ekstatische Konfessionen, S. XXVI
[133] Ekstatische Konfessionen, S. XXXVIII

In den „Ekstatischen Konfessionen" findet Buber hierzu manche Anregungen; aus verschiedensten Quellen hat er seine Eindrücke gesammelt, darüber hinaus hat er sich in den vorhergehenden Jahren das philosophische Instrumentarium erarbeitet, mit dem der Durchbruch zum Du erfolgen kann.

> Plötzlich aber verstand ich die
> Stimme, die in mir sprach. [134]

3 Von der Mystik zum Dialog

An entscheidenden Wendepunkten gelingen Buber immer wieder geistige Positionsbestimmungen, die Zusammenfassung des bis dahin Geleisteten und zugleich Ausblick auf Erstrebtes, noch zu Bewältigendes sind.

3.1 Gespräche von der Verwirklichung

In der Schrift „Daniel" (1913) ist seine mystische Einheitslehre voll auskristallisiert[135], aber es sind auch schon Perforationen dieses letztlich hermetischen Weltbildes spürbar, die eine Öffnung für die Idee des Du unvermeidlich erscheinen lassen. Den Anstoß geben dann zwei Erschütterungen: eine persönliche, die Buber später seine „Bekehrung" nennen wird, und die Katastrophe des Weltkrieges.

---

[134] Daniel, Werke 1, S. 49

[135] Man könnte diese Schrift als Summe, als Zusammenfassung des bisher Erarbeiteten ansehen, wobei einige Motive zum letzten Mal in unverwandelter Form erscheinen (andere, eher abschweifende überhaupt zum letzten Mal in Bubers Werk). In seiner Konzentration auf wenige zentrale Gedanken ist „Daniel" aber nicht nur Schlusspunkt, sondern auch Doppelpunkt: Ankündigung von Kommendem; Versprechen.
Ein Einwand Gustav Landauers ist jedoch nicht unbegründet: „Da ist z. B. von Austragung, Umfassung, Verwandlung die Rede, schnell hintereinander, wie etwa in der Schule von Deklination und Konjugation gesprochen wird. Aber ein bisschen komme ich mir wie ein Schüler vor, der zum Unglück in früheren Stunden gefehlt hat und der deutlich aus dem sicheren Tonfall hört, das sind feste Rubriken, an denen nicht zu tasten ist, aber er hat kein Erlebnis und Beispiel dafür und soll doch mit und weiter. Es ist das eine Eigenheit Ihres Geistes ..: Sie verarbeiten etwas in sich, bis es eine gewisse Rundheit und Abgeschlossenheit hat, und teilen dann den Weg zu den Ergebnissen nicht mit." (Brief vom 9. 9. 1912, in: Briefe I, S. 311)

3.1.1 Von der Richtung

In diesen „Dialogen von der Verwirklichung" taucht ein für Bubers Denken neuer Begriff auf: Richtung. „Da wir nicht wie Ewige richtungslos zu leben vermögen, bleibt uns ins Ewige ein einziger Weg nur: unsere Richtung."[136]

Und auch Buber vollzieht eine Wende, findet seine Richtung, indem er aus dem inneren Selbst den Weg zur Außenwelt geht.
Zwar geht es immer noch um das Eine, die Einheit, aber: „Nicht über den Dingen, nicht um die Dinge, nicht zwischen den Dingen – in jedem Ding, in jedes Dinges Erlebnis öffnet sich dir die Pforte des Einen, wenn du den Zauber mit dir bringst, der sie erschließt: die Vollkommenheit deiner Richtung."[137] Zur Vollkommenheit gehört aber die „Kraft, ganz das Erlebnis zu erleben."[138]
Nur durch diese Richtungskraft lässt sich der Sinn und die Substanz des Erlebnisses erleben, „die Einheit selber"[139]. Man erfährt nichts von der Wahrheit der Dinge und Wesen, wenn man Informationen über sie sammelt, Zusammenhang herstellt als ein „kunstreich gesponnenes Netz der Weltkunde"[140], man muss sich den Dingen *selber* nahen, sie mit seiner gerichteten Kraft empfangen und sich ihnen ergeben – bis man *verwandelt* ist. In dieser Verwandlung gewahrt man „das Mysterium des Wirklichen"[141].

Eine Seele, die „das Ufer der Welt" betritt, kann dem „Wirbel des Geschehens"[142] gegenüber zweierlei Haltungen einnehmen: entweder zieht sie sich in die Sicherheit von Erfahrungsgrundsätzen zurück und nimmt die Welt als geordnetes System wahr, oder dies genügt ihr nicht und sie ist bereit, „dem nackten Wirbel entgegenzutreten", mit nichts anderem ausgerüstet „als mit der Magie ihrer Richtung, ihrer eigenen, eingebornen, einmaligen, ihr und keiner anderen zugehörenden Richtung."[143] Diese Richtung, so definiert Buber, „ist jene Urspannung einer Menschenseele, die sie bewegt, jeweilig aus

---

[136] Daniel, Werke I, S. 14
[137] Daniel, Werke I, S. 14f.
[138] Daniel, Werke I, S. 15
[139] Daniel, Werke I, S. 15
[140] Daniel, Werke I, S. 15f.
[141] Daniel, Werke I, S. 15
[142] Daniel, Werke I, S. 15
[143] Daniel, Werke I, S. 17

der Unendlichkeit des Möglichen dies und kein andres zu wählen und tuend zu verwirklichen."[144]
Die gerichtete Seele ist Notwendigkeit der Natur, notwendig jedoch nicht im Sinne von Ursache und Wirkung; und Richtung ist Notwendigkeit der Seele. Diese aber „lässt sich ja nur in Taten, nicht in Worten sagen, und sie bekundet sich nur durch ihr Werk."[145]

3.1.2 Von der Wirklichkeit

Man muss die Seele offen halten, alles aufzunehmen, um den Sinn zu empfangen und zu erkennen: „Unwirklich bleibt, wer nicht verwirklicht."[146]
Mit diesem Satz, der Konzentrat bisherigen Denkens ist, hat Buber zugleich das Substrat des sich ankündigenden dialogischen Prinzips gefunden. Noch nicht ausgereift, noch von allerlei mystischem Beiwerk umrankt, fehlt nur noch der erhellende Blitz.

Buber unterscheidet zwei Haltungen des Menschen zu seinem Erleben: eine orientierende und eine realisierende. „Was du tuend und duldend, schaffend und genießend erlebst, kannst du um deiner Zwecke willen in den Zusammenhang einreihen oder um seiner selbst willen in seiner eigenen Kraft und Helligkeit erfassen."[147] Hier ist keimhaft die spätere Unterscheidung von Du- und Es-Welt angelegt, aber eben noch vom Ich-Erlebnis aus gesehen.
Was man der Erfahrung einfügt, unter dem Gesichtspunkt von Form und Gesetz betrachtet oder als Ding in Raum und Zeit eingliedert, ist eigentlich nicht wirklich. Auch die Wissenschaft baut in diesem Sinne nicht auf Wirklichkeit auf. Das heißt nicht, dass Buber den „Zusammenhang der Erfahrung" und den „unüberblickbaren Bau der Wissenschaft und sein wundersames Werden"[148] gering schätzen würde: Das Wissen lässt sich durchaus schöpferisch einsetzen, aber wo es nur dem Zweck und Nutzen gehorchendes „Orientierungswissen" bleibt, ist es „Raubwirtschaft"[149]. Die

---

[144] Daniel, Werke I, S. 17
[145] Daniel, Werke I, S. 18
[146] Daniel, Werke I, S. 21
[147] Daniel, Werke I, S. 22
[148] Daniel, Werke I, S. 23
[149] Daniel, Werke I, S. 23

Wirklichkeit ist „nicht das elementare Material des Erlebens", sondern wird aus dem Erlebnis geschaffen, sie ist demnach „ein Werk der Seele"[150].

Das Erlebnis ist selbst auch nicht Wirklichkeit, denn wir erleben es nur, aber besitzen es nicht. Wir können uns auch ihm gegenüber nur orientierend oder realisierend verhalten; in jedem Fall ist es dann gestaltet: es ist Erfahrung oder Wirklichkeit geworden.

Um den „schöpferischen Sinn von Wirklichkeit und Verwirklichung"[151] geht es Buber. Es ist „der allen gemeinsame Geist"[152], der sich im schöpferischen Menschen vollendet, und daher gibt es auch nicht zwei Menschenarten: eine orientierende und eine realisierende – beides ist in jedem wirksam. Als schöpferisch bezeichnet Buber den Menschen, „in dem sich die realisierende Kraft der Seele so zum Werk gesammelt hat, dass sie Wirklichkeit für alle setzt."[153]

Daher kann er sagen: „Realisierendes Erleben schafft die wesenhafte Gestalt des Daseins."[154] Hierin sind die Dinge und das Ich enthalten, aber einzelne sind sie noch nicht wirklich, weil nichts Einzelnes in sich wirklich ist, sondern nur Voraussetzung für Wirklichkeit. Wirklichkeit aber ist „erfüllte Verbundenheit", und das Erlebnis ist „ein Traum von Verbundenheit"[155].

Der Drang zur Wirklichkeit und zur Verbundenheit ist nach Bubers Ansicht in jedem Menschen vorhanden, nur wird er von vielen verdrängt. „In unserer Zeit" gibt es wenige der „Realisierenden", diese werden durch die „Leistenden" ersetzt, „die wirken ohne zu sein"[156]. Sie haben Zwecke, eine Umwelt, auch Geistigkeit, wissen Bescheid – aber außerhalb des Wirklichen. Sie maskieren das Unwirkliche mit „sinngeblähten Namen, als Kultur oder Religion oder Fortschritt oder Tradition oder Intellektualität"[157].

Sie opfern die Unsicherheit der Verwirklichung der Bequemlichkeit der Orientierung; dies ist, „unschuldig und unverzeihlich, die Sünde wider den Geist."[158]

---

[150] Daniel, Werke I, S. 23
[151] Daniel, Werke I, S. 24
[152] Daniel, Werke I, S. 26
[153] Daniel, Werke I, S. 27
[154] Daniel, Werke I, S. 27
[155] Daniel, Werke I, S. 28
[156] Daniel, Werke I, S. 29
[157] Daniel, Werke I, S. 30
[158] Daniel, Werke I, S. 31

Interessant an dieser Zivilisationskritik ist nicht so sehr, dass die Werte der Moderne als dem Menschen unwesentlich abgetan werden – das ist eine Grundübung aller Zivilisationskritik –, sondern dass sie eben nicht rückwärtsgewandt ein Zurück fordert (zurück zur Natur, zurück zu den Ursprüngen usw.), sondern die Veränderbarkeit in der Haltung des Menschen – und zwar des einzelnen Menschen – zu seinen Verhältnissen angelegt sieht. Allerdings ist Buber der Ansicht, dass der Mensch zu keiner Zeit so sehr „von den Geistern seiner Zwecke überwachsen"[159] war.

In der Soziologie hatte Bubers Gesellschaftskritik einen Grund gefunden, im Glauben ihren Horizont. Aber als Wissenschaft bleibt die Kritik monologisch, als Mystik statisch.

Wie will Buber „diese Gespenster zur Wirklichkeit erlösen"? Wie will er „wirkliches, gelebtes Leben", nämlich „Leben der Unmittelbarkeit und des Menschenbundes"[160] realisieren?

Aus der historischen Distanz mutet es erschreckend und hellsichtig an, Bubers Überzeugungen zu hören: der Realisierende müsste zuerst das Chaos realisieren; die Flut der Wirklichkeit müsste die Dämme der Theorien, der Programme, der Parteiungen niederreißen, damit „die Not und der Widerspruch, das Unrecht und der Unsinn der Zeit dann erst, wahrhaft erlebt, zur Wirklichkeit würden"[161]. Nur so, über diese Wirklichkeit, sei ein neuer Anfang möglich.

Und wenn Buber dann davon spricht, dass all das, „was dieser seltsamen Zeit trotz allem ihre Größe gegeben hat", erst „in neuen, unerhörten Kämpfen, wahrhaft für die Wirklichkeit erobert werden"[162] müsste, so scheint – bis in die Wortwahl hinein – Bubers anfängliche Begeisterung bei Ausbruch des Weltkrieges nur konsequent.

---

[159] Daniel, Werke I, S. 31
[160] Daniel, Werke I, S. 32
[161] Daniel, Werke I, S. 32
[162] Daniel, Werke I, S. 32

3.1.3 Von dem Sinn

Das Kind erfährt einen „unaussprechlichen, unaussprechlich wirklichen Sinn"[163] in der Geborgenheit einer stimmigen Welt. Es hat „die Sicherheit des Schlafwandlers", Richtung und Sinn sind „traumhaft"[164] bei ihm. Der Sinn geht auch im späteren Leben, im alltäglichen Zwist nicht verloren – solange man sich nicht dem Nichts überlässt. Das ist der Fall, wenn man vom Zusammenhang *weiß*, aber nicht diesen *fühlt*, sondern „den Abgrund"[165] zwischen sich und der Welt, „den Abgrund der tausendnamigen immanenten Dualität aller Dinge."[166]

In diesem Abgrund erblickt man die Gespaltenheit in sich selbst, nicht etwa in Geist und Körper, sondern die „proteische Doppelheit des hellen Einen und des dunklen Andern"[167]. Wer in der „Stunde des Erwachens"[168] diesen Abgrund mit seinem Wesen erfahren hat, dem helfen auch nicht die Erklärungen der „Weltkundigen", oder der „Gottkundigen", oder der „Geisteskundigen"[169], oder der „Geheimniskundigen"[170]: darin liegt für Buber der Abgrund zwischen den Dingen und dem Bewusstsein, oder zwischen dem Menschen und Gott, oder zwischen der Idee und der Erfahrung, oder zwischen der Scheinwelt und der wahren Welt, denn: „... es ist ja nicht mein *Gedanke*, was den Abgrund schaut, es ist mein *Wesen*."[171]

Der Weg führt nicht über irgendwelche Erklärungssysteme, die nur die Sicherheit der Orientierung bieten. Aber das „Erleben mit ganzem Wesen und mit ungehemmter Gewalt meint Gefahr", weil es „alles Denken erschütternd den Bestand des Erkennenden"[172] bedroht. Das bedeutet: „Wer in wahrhaftem, realisierendem Erkennen sein Leben lebt, muss ewig von neuem beginnen, ewig von neuem alles wagen; und so ist seine Wahrheit nicht ein Haben, sondern ein Werden."[173]

---

[163] Daniel, Werke I, S. 34
[164] Daniel, Werke I, S. 43
[165] Daniel, Werke I, S. 36
[166] Daniel, Werke I, S. 44
[167] Daniel, Werke I, S. 36
[168] Daniel, Werke I, S. 44
[169] Daniel, Werke I, S. 37
[170] Daniel, Werke I, S. 38
[171] Daniel, Werke I, S. 38
[172] Daniel, Werke I, S. 39
[173] Daniel, Werke I, S. 39

Dies gilt auch für die Religion: Sie wird gottlos, sobald sie sich zu orientieren beginnt, sobald es ihr um Bewahrung und nicht um Verwirklichung geht. Wer dagegen in der Gefahr der Realisierung lebt, „ist ewig am Äußersten; ewig an Gott"[174].

3.2 Dualität und Polarität

Viele dieser Gedanken hat Buber in seinen „Reden über das Judentum" erprobt.
Dort wird auf die „Grundtatsache der psychischen Dynamik" hingewiesen, „dass die Vielfältigkeit seiner Seele dem Menschen immer wieder als *Zweiheit* erscheint"[175]. Diese äußert sich darin, dass der Mensch seine Möglichkeiten als nach zwei Polen hinstrebend erlebt, „er erlebt seinen inneren Weg als Wanderschaft von Kreuzweg zu Kreuzweg"[176] – er lebt in der Entscheidung.

3.2.1 Zwei Menschentypen

Diesen Dualismus konkretisiert Buber an zwei Menschentypen, dem orientalischen und dem abendländischen; den einen beschreibt er als motorisch, den anderen als sensorisch bestimmt. Die hieraus resultierenden Weltbilder erläutert Buber durch Gegenüberstellung: Der motorische Orientale empfindet in Bewegungen, der sensorische Okzidentale handelt in Bildern, „der erste hat, wenn er wahrnimmt, das Erlebnis der Tat, der zweite hat, wenn er tut, das Erlebnis der Gestalt"[177], und weiter: „Der Okzidentale begreift seine Empfindung aus der Welt, der Orientale die Welt aus seiner Empfindung."[178] Beim sensorischen Menschen sind die Sinne voneinander gelöst; seine Wahrnehmung wird vom Gesichtssinn dominiert. Beim motorischen Menschen nehmen die Sinne gleichberechtigt die Bewegung der Welt wahr.[179]

---

[174] Daniel, Werke I, S. 40
[175] Das Judentum und die Menschheit, in: Der Jude und sein Judentum, S. 20
[176] Der Jude und sein Judentum, ebd., S. 21
[177] Der Geist des Orients und das Judentum, in: Der Jude und sein Judentum, S. 48
[178] Der Geist des Orients und das Judentum, ebd., S. 49
[179] Vgl. Der Geist des Orients und das Judentum, ebd., S. 48

Buber resümiert als die Erkenntnis des Orients, „dass die Innerlichkeit der Welt in ihrer Äußerung und Offenbarung gehemmt ist, dass die urgemeinte Einheit gespalten und entstellt ist, dass die Welt des Menschengeistes bedarf, um sie zu lösen und zu einigen, und dass das Leben des Menschen auf der Welt einzig darin seinen Sinn und seine Macht hat."[180]

3.2.2 Der Jude

Bei der Konfrontation von orientalischem und abendländischem Menschen handelt sich also um den Gegensatz von dynamischem und statischem Weltbild.

Das vom Orientalen Gesagte gilt für Buber in ganz besonderem Maße für den Juden: „Das Tun ist ihm wichtiger als das Erleben, oder richtiger: sein wesentliches Erleben ist in seinem Tun. ... Er erfährt die Welt weniger in dem gesonderten vielfältigen Einzeldasein der Dinge als in ihrer Verbindung, Gemeinsamkeit und Gemeinschaft."[181]

Vor allem aber erfährt der Jude die Entzweiung der Welt nicht als etwas Äußerliches, sondern er erlebt sie in sich selbst „als die Entzweiung seines eigenen Ich. ... er erlebt sich als den Schauplatz des ungeheuersten Widerspruchs."[182]

Ist der Jude Träger der Weltentzweiung, so ist ihm aber auch die Macht gegeben, Träger der Welteinung zu sein, „indem er sich entscheidet", indem er „mit der ganzen Seele wählt."[183]

Dies ist kein individueller Akt, sondern „in Wahrheit ist es ein Vorgang im und am Wesen der Welt", weil sich darin die Einheit des Seins erfüllt: „In der Entscheidung entscheidet sich die entzweite Welt zur Einheit."[184]

Nochmals verwendet Buber die Denkfigur der Gegenüberstellung, um den Juden als den Widerpart des Griechen (als Repräsentanten des abendländischen Denkens) zu schildern:

---

[180] Der Geist des Orients und das Judentum, ebd., S. 51
[181] Der Geist des Orients und das Judentum, ebd., S. 53
[182] Der Geist des Orients und das Judentum, ebd., S. 53
[183] Der Geist des Orients und das Judentum, ebd., S. 54
[184] Der Geist des Orients und das Judentum, ebd., S. 54

„Der Grieche will die Welt bewältigen, der Jude will sie vollenden; für den Griechen ist sie da, für den Juden *wird* sie; der Grieche steht ihr gegenüber, der Jude ist ihr verbunden; der Grieche erkennt sie unter dem Aspekt des Maßes, der Jude unter dem des Sinns; für den Griechen ist die Tat in der Welt, für den Juden ist die Welt in der Tat."[185]

Als ein Akt des Denkens fällt diese Unterscheidung selbst unter den Dualismus. Buber ist es bis dahin allerdings noch nicht gelungen, eine dynamische Komponente in die Entzweiung zu integrieren und diese als Polarität wirksam werden zu lassen. Bisher gebraucht er beide Begriffe synonym.
Dabei ist unter Dualismus die bloße Gegenüberstellung von Unvereinbarem zu verstehen, so wie sie in Gegensatzpaaren wie z. B. Subjekt-Objekt, Geist-Materie, Diesseits-Jenseits zum Ausdruck kommt. Polarität dagegen bezeichnet die Urspannung, die sich in zwei entgegengesetzten Richtungen entfaltet. Soll der Dualismus durch dialektische Aufhebung zur geistigen Einheit gelangen, so die Polarität durch Verwirklichung zur lebendigen Einheit.

3.2.3 Die Umkehr

Das Schicksal der Welt hängt in unermesslichem Maße von der Handlung des einzelnen ab – so fasst Buber die Lebenswahrheit des Orients zusammen; und im Judentum wird die Entscheidung des Menschen Mitte und Sinn allen Geschehens. „Die Grundanschauung des Judentums ist die Anschauung von dem *absoluten* Wert der Tat als einer Entscheidung."[186] Der Akt der Entscheidung in seiner letzten Steigerung heißt *Teschuwa*, Umkehr; das bedeutet „die Zäsur eines Menschenlebens, den erneuernden Umschwung mitten im Verlauf einer Existenz"[187]. Mit seiner Erklärung der Umkehr nimmt Buber seine spätere Auffassung der Einheit von Aktion und Passion vorweg: „An dem Umkehrenden geschieht die Schöpfung aufs Neue, an seiner Erneuerung erneuert sich der Bestand der Welt."[188]

---

[185] Der Geist des Orients und das Judentum, ebd., S. 55
[186] Der Geist des Orients und das Judentum, ebd., S. 55
[187] Der Geist des Orients und das Judentum, ebd., S. 55f.
[188] Der Geist des Orients und das Judentum, ebd., S. 56

Die Umkehr ist als Entscheidung Aktion, zugleich aber geschieht am Umkehrenden die Erneuerung der Schöpfung. Diese Passion ist aber wiederum Aktion, weil sich in der Erneuerung des Umkehrenden auch die Welt erneuert – ein Kreislauf der Erneuerung.
Aber man würde den Sinn des Entscheidungsaktes im Judentum verkennen, wenn man ihn als bloß ethischen behandelte: Buber sieht ihn als religiösen Akt, „denn er ist die Verwirklichung Gottes durch den Menschen."[189]

3.2.4 Jüdische Religiosität

Buber versteht Religion als das organisierende Prinzip, Religiosität als das schaffende.

> „Religiosität ist das stets neu werdende, stets neu sich aussprechende und ausformende, das staunende und anbetende Gefühl des Menschen, dass über seine Bedingtheit hinaus und doch mitten aus ihr hervorbrechend ein Unbedingtes besteht, sein Verlangen, mit ihm lebendige Gemeinschaft zu stiften, und sein Wille, es durch sein Tun zu verwirklichen und in die Menschenwelt einzusetzen."[190]

Religion dagegen ist die zu Riten und Dogmen erstarrte Summe der Bräuche und Lehren. Als solche ist sie unwahr. Sie ist der Glaube, der „praktiziert" wird – eine Entstellung des Praxis-Begriffs. Sie ist das passive Prinzip der Erhaltung im Gegensatz zur aktiven Erneuerung in der Religiosität.
„In der Unbedingtheit seiner Tat erlebt der Mensch die Gemeinschaft mit Gott."[191] Nicht in Glaubenslehren oder Vorschriften, sondern in diesem Grundgefühl der Unbedingtheit zeigt sich der spezifische religiöse Gehalt des Judentums; und so ist die Wahrheit einer Tat nicht an ihrem Inhalt zu bemessen, „sondern ob sie in menschlicher Bedingtheit oder in göttlicher Unbedingtheit geschieht."[192]

Im Begriff der Religiosität fasst Buber zusammen, was er später auch mit dem Begriff des Dialogischen verbindet: das Unbedingte, lebendige Gemein-

---

[189] Jüdische Religiosität, in: Der Jude und sein Judentum, S. 69
[190] Jüdische Religiosität, ebd., S. 66
[191] Jüdische Religiosität, ebd., S. 72
[192] Jüdische Religiosität, ebd., S. 72

schaft, Tun, Verwirklichung, Schaffen, Geheimnis, Erneuerung. Religiosität und Dialog werden ihm letztlich zur Einheit.

Das steht auch hinter der Aussage, dass „das Wunder der Einung" nicht geglaubt, sondern nur erlebt werden kann, und dass darum dem Juden „kein Verwirklichtes, sondern nur die mit jedem neuen Menschen neu anhebende Tat, die Verwirklichung selber Genüge tun"[193] kann. Hier noch speziell auf den Juden bezogen, entfaltet der Satz seine ganze Wahrheit erst im dialogischen Zusammenhang.

An der jüdischen Religiosität führt Buber exemplarisch vor, was als dialogisches Prinzip zur Menschheitsaufgabe verallgemeinert wird[194]. Das erneuerte Judentum weist den Weg zur Erneuerung der Menschheit aus dem Geist der Umkehr zum Dialog.

3.2.5 Polarität

Mit der Gegenüberstellung verschiedener Haltungen exemplifiziert Buber immer wieder seine Grundanschauung von der Zwiefalt aller Erscheinungen. So etwa, wenn er das Auseinanderfallen des Volks in zwei geistige Klassen im alten Judentum beschreibt, nämlich die Diener Gottes, das sind die Wählenden, sich Entscheidenden, zur Unbedingtheit Durchdringenden, ans Ziel Hingegebenen; und andererseits die Diener Baals, die sich nicht etwa gegen Gott entschieden haben, sondern Baal dienen, weil sie die Entscheidungslosen, in der Bedingtheit Verharrenden, Selbstsüchtigen und Selbstzufriedenen sind.[195]

An diesen Gegensätzen entzündet sich ein Kampf, der Kampf der Lehrer und Propheten Israels, denn „die jüdische Fruchtbarkeit ist eine kämpferische Fruchtbarkeit."[196]

Ebenso treten uns in Gestalt von Mose und Aaron zwei „ewige Typen", nämlich der Prophet und der Priester, „zwischen denen die innere Ge-

---

[193] Jüdische Religiosität, ebd., S. 68
[194] Als Georg Simmel sich bei Buber für die Übersendung von dessen Buch „Vom Geist des Judentums" bedankt, schreibt er, er könne nicht überall zustimmen. „Auch gegen Ihre Darstellung der Religiosität des Judentums, so schön und tief sie ist, habe ich insofern einen Vorbehalt, als mir dies als Wesen aller Religiosität überhaupt erscheint" (Briefe I, S. 426f.).
[195] Vgl. Der Geist des Orients und das Judentum, ebd., S. 61
[196] Der Geist des Orients und das Judentum, ebd., S. 61

schichte des Judentums sich als ein Kampf austrägt"[197]. Es ist der Kampf zwischen dem Fordernden und dem Vermittelnden, dem, der die Wahrheit und dem, der die Macht will.

In „Daniel" wird die Polarität ihrer bisherigen spezifisch ethisch-religiösen Bedeutung entledigt und als Begriff für die Spannungen und Gegensätze eingeführt, „in denen sich die Seele des Menschen aufbaut"[198].
Um Welt und Wort zusammenzubringen, muss der vordialogische Buber noch auf die Gestalt des Dichters zurückgreifen, in dem die polaren Gegensätze fruchtbar werden, denn: „Alle Dichtung ist Gespräch: weil alle Dichtung Gestaltung einer Polarität ist."[199]
Die Einheit, zu der alle erlebte Polarität strebt, kann auf verschiedene Weisen vollbracht werden: „Es mag auf dem Weg der Austragung geschehen; das ist der Kampf ... Oder es mag auf dem Weg der Umfassung geschehen; das ist die Liebe ... Oder es mag auf dem Weg der Verwandlung geschehen; das ist die Erkenntnis."[200]

Dem Geheimnis der Welt, der Verbindung von Sinn und Sein, kommt man nicht durch Betrachtung nahe, sondern durch Tun – und das ist Erkennen. Der Erkennende verwandelt sich in die Welt und verwirklicht sie. „Er vollstreckt die Polarität, in der er steht, indem er seinen Gegenpol verwirklicht: indem er den Sinn ‚findet'."[201]
Noch kann Buber die Antriebskraft des verwirklichenden Handelns, den Grund des unmittelbaren Entschlusses nicht auf einen Begriff bringen[202]; noch ist es Magie, die den Verwirklichenden seine Tat mit dem Wesen erwählen lässt; und der *Sinn* ist wie ein Stern, der darüber leuchtet, eine Zutat, also etwas Äußerliches, „der Seele ureigen beigegeben"[203].

---

[197] Jüdische Religiosität, ebd., S. 73
[198] Daniel, Werke I, S. 62
[199] Daniel, Werke I, S. 63
[200] Daniel, Werke I, S. 58f.
[201] Daniel, Werke I, S. 59
[202] Der aristotelische Begriff der „Kinesis", der unmotiviert eingeführt wird und unausgeführt bleibt, gewinnt keine erklärende Gestalt. Bedeutend wird er wenig später in Bubers Begründung seiner Erwartung, dass im Krieg das „Unbedingte" verwirklicht würde. Vgl. dazu Kap. 3.4
[203] Daniel, Werke I, S. 42

Dieser Sinnbegriff wirkt abstrakt und aufgesetzt, er ist noch nicht aus der Sache selbst entwickelt. Später wird Buber die Verwirklichung aus der Beziehungskraft des dialogischen Verhältnisses erklären können, in dem sich dann der Sinn *ereignet.*
Und noch ist es Mythos, der die Erkenntnis des Unwissbaren, die wesenhafte Erkenntnis verbürgt. Dem derart „ungehemmt Erkennenden, der jeden Vorgang allein auf seinen Gehalt bezieht und ihn so zu einem Signum des Ewigen bildet"[204], wird der Sinn als mythische Wahrheit offenbar; was ihm widerfährt, empfängt er als Botschaft; sein Handeln ist seine Kundgebung. Aber die Polarität bleibt innere Erfahrung eines Ich, bleibt monologisch. Auch dieser Gedanke erfährt im Dialogischen eine Wandlung: aus der Botschaft wird ein Anruf: Der Verwirklichende wird als Du angesprochen, und sein Handeln ist die Antwort.

Wer die Richtung und den Sinn hat, der realisiert in seinem Erleben Gott. „Denn Gott will verwirklicht werden, und alle Wirklichkeit ist Gottes Wirklichkeit, und es gibt keine Wirklichkeit als durch den Menschen, der sich und alles Sein verwirklicht."[205]
So definiert Buber das Reich Gottes als „das Reich der Gefahr und des Wagnisses, des ewigen Beginnens und des ewigen Werdens, des aufgetanen Geistes und der tiefen Verwirklichung, das Reich der heiligen Unsicherheit."[206]
In einem Brief an Max Brod berichtigt Buber einige mögliche Missverständnisse und offenbart gleichzeitig, dass im „Daniel" eigentlich nur eine Umpolung derjenigen Ideen stattfindet, die er in den „Ekstatischen Konfessionen" geäußert hat:

> „Verwirklichung ist keineswegs Ekstase. In der Ekstase erlebt der Mensch die Seele ..., in der Verwirklichung die Welt ... In der Ekstase erlebt er empfangend ..., in der Verwirklichung tuend ... Die Ekstase ist episodisch-isolierend ..., die Verwirklichung dauernd-verbindend ..."[207]

---

[204] Daniel, Werke I, S. 43
[205] Daniel, Werke I, S. 43
[206] Daniel, Werke I, S. 43
[207] Briefe I, S. 350

Auch verweist Buber auf die Inspiration, die er aus der Arbeit an der „Lehre vom Tao"[208] empfangen hat: „In der Verwirklichung sind Erkenntnis und Ethos verschmolzen: der Mensch kann die Welt nur erkennen, indem er sie tut ..., vgl. Tschuang-Tse 110: ‚Die Erkenntnis des Vollendeten ist nicht in seinem Denken, sondern in seinem Tun.'"[209]

Daher stellt sich für Buber auch nicht die Frage nach der „höheren Welt"; er „weiß von ihr nur insofern, als sie sich in ... des Menschen Tat verwirklicht. Die höhere Welt ist diese unsere Welt im Zustand der Verwirklichung."[210]

Aufgabe des Menschen ist es, um so das Reich Gottes zu verwirklichen, aus der Polarität des Seins Einheit zu schaffen, „vollendete Einheit aus Spannung und Strom"[211], und: „... sich das Du, zu dem er sprechen kann, in der Welt zu finden."[212]

3.3 Eine Bekehrung

In den bisherigen Ausführungen über Bubers Frühwerk – um die vordialogischen Schriften einmal so zu benennen – sind uns etliche Motive begegnet, die in seiner dialogischen Philosophie eine tragende Rolle spielen werden[213]. Meist weisen sie noch keinen dezidiert dialogischen Charakter auf, obschon dieser – aus der Rückschau – in ihnen zumindest angelegt scheint. Sie müssen gar nicht mehr zurechtgestutzt oder geschliffen werden, sondern nur noch dialogisch beleuchtet, um dann im Zusammenhang der noch zu entdeckenden Ich-Du-Beziehung ihre Bedeutung zu entfalten.

In dem Essay „Mit einem Monisten" von 1914 verabschiedet sich Buber endgültig von seinem Dasein als Mystiker und tritt seinen „Gang in die Wirklichkeit"[214] an:

---

[208] Nachwort zu „Reden und Gleichnisse des Tschuang-Tse" (1910)
[209] Briefe I, S. 350f.
[210] Briefe I, S. 352
[211] Daniel, Werke I, S. 45
[212] Daniel, Werke I, S. 33
[213] Ich habe mich darauf beschränkt, die für das Dialogische wesentlichen Gedankengänge darzustellen; vieles musste unberücksichtigt bleiben: Nebenwege, die nicht weiterverfolgt wurden, Sackgassen ...
[214] So der Untertitel von Wilhelm Michels Darstellung von Martin Bubers Denken.

> „Der Mystiker kriegt es wahrhaft oder scheinbar fertig, die ganze Welt, oder was er so nennt, alles, was ihm seine Sinne an Gegenwart und Gedächtnis darreichen, auszurotten und hinwegzuschaffen, um mit neuen, entleibten Sinnen oder einer ganz übersinnigen Kraft zu seinem Gotte vorzudringen. Mich aber geht eben diese Welt, diese schmerzensreiche und köstliche Fülle all dessen, was ich sehe, höre, taste, ungeheuer an. Ich vermag von dieser Wirklichkeit nichts hinwegzuwünschen, nein, nur noch steigern möchte ich diese Wirklichkeit. ... Wirkliche Welt – das ist offenbare, erkannte Welt. Und die Welt kann nicht anderswo erkannt werden als in den Dingen und nicht anders als mit dem tätigen Sinnengeist des Liebenden. ... der Liebende, das ist einer, der jedes Ding, das er erfasst, unrelativ erfasst."[215]

Hiermit ist zwar dem Mystizismus eine eindeutige Absage erteilt – was Buber an der Mystik interessiert, geht in sublimierter Form in sein dialogisches Werk ein –, damit geht aber keineswegs eine Wendung zum Rationalismus einher, vielmehr bleibt der Vorwurf, auch dieser werde der Wirklichkeit nicht gerecht, uneingeschränkt bestehen: Der Rationalismus beschäftige sich nur mit den Gemeinsamkeiten der Dinge, mit ihren Relationen, also immer nur mit der Passivität der Dinge. „Ihre Aktivität aber, ihre wirkende Wirklichkeit offenbart sich einzig dem Liebenden, der sie erkennt. Und so erkennt er die Welt."[216] Und weiter, in erneuter Vorwegnahme eines Segments des dialogischen Prinzips: „In den Zügen des Geliebten, dessen selbst er verwirklicht, gewahrt er das rätselhafte Angesicht des Alls."[217]
Hier ist das, was das Ich erlebend verwirklicht, noch ein Ding; ein Es, kein Du, und was das Ich darin erkennt, ist noch nicht das ewige Du. Angedeutet ist aber schon die Idee der Ausschließlichkeit.

Bis hierher – das können wir ruhig sagen – bleibt Bubers Denken bei aller Eigenwilligkeit und Eigenmächtigkeit der Deutung doch im Fahrwasser des Konventionellen, sogar des Zeitgeistes, wenn wir denn einen solchen als existent annehmen wollen. Er kompiliert und kombiniert auf zugegeben originelle Weise vorhandene Ideen, verleiht ihnen seine eigene sprachliche Note, bleibt aber letztendlich eklektisch.

---

[215] Mit einem Monisten, in: Hinweise, S. 40f.
[216] Mit einem Monisten, ebd., S. 41f.
[217] Mit einem Monisten, ebd., S. 42

Jetzt aber ist die Zeit reif.

Buber nennt seine „Bekehrung"[218] ein „richtendes Ereignis"[219] – richtend in doppeltem Sinne: Richtung gebend und Gericht haltend. Buber schreibt:

> „Es ereignete sich nichts weiter, als dass ich einmal, an einem Vormittag nach einem Morgen ‚religiöser' Begeisterung, den Besuch eines unbekannten jungen Menschen empfing, ohne mit der Seele dabei zu sein. Ich ließ es durchaus nicht an einem freundlichen Entgegenkommen fehlen, ich behandelte ihn nicht nachlässiger als alle seine Altersgenossen, die mich um diese Tageszeit wie ein Orakel das mit sich reden lässt aufzusuchen pflegten, ich unterhielt mich mit ihm aufmerksam und freimütig – und unterließ es nur, die Fragen zu erraten, die er nicht stellte. Diese Fragen habe ich später, nicht lange darauf, von einem seiner Freunde – er selber lebte schon nicht mehr[220] – ihrem wesentlichen Gehalt nach erfahren, habe erfahren, dass er nicht beiläufig, sondern schicksalhaft zu mir gekommen war, nicht um Plauderei, sondern um Entscheidung, gerade zu mir, gerade in dieser Stunde. Was erwarten wir, wenn wir verzweifeln und doch noch zu einem Menschen gehen? Wohl eine Gegenwärtigkeit, durch die uns gesagt wird, dass es ihn dennoch gibt, den Sinn."[221]

Was hier geschehen ist, war nicht Begegnung, war mit Bubers Wort: Vergegnung. Das Du, die Beziehung, wird negativ erfahren, nicht als Bestätigung: ja, so ist es, sondern als Unterlassung. Der dies Negative erfährt, ist der, der anspricht und keine Antwort erhält. Das, worauf es bei der Begegnung ankam, war abwesend: das *Ganze* der Person, das ganze *Wesen*. Buber hat sich vorenthalten. Aber er hat es nicht bemerkt, hat nicht bemerkt, was von ihm erwartet wurde. Erst nachträglich ist ihm die Begegnung, die ihm wohl als eine unter vielen vorgekommen ist, als gescheiterte *bewusst* geworden – als sein Versagen. Und es ist das Versagen seines mystischen Weltbildes, das sich in

---

[218] Eine Bekehrung, in: Zwiesprache, Werke I; auch in: Begegnung. Autobiographische Fragmente. Zwiesprache erschien 1930. Vorher, in der Vorrede zu seinen „Reden über das Judentum" von 1923, hatte er noch geschrieben: „... da ich das, was mir widerfahren ist, nur als eine Klärung und nicht als eine Bekehrung bezeichnen darf." (Der Jude und sein Judentum, S. 3)
[219] Zwiesprache, Werke I, S. 186
[220] Buber ergänzt: „er fiel zu Anfang des ersten Weltkriegs" (in: Begegnung, S. 59), was eine Datierung der Bekehrung auf die Zeit kurz nach „Daniel" erlaubt.
[221] Zwiesprache, Werke I, S. 186f.

dieser Situation, an diesem Menschen nicht bewährt hat. Diese Erkenntnis erschüttert Bubers Auffassung des Religiösen in ihrem Grund:

> „Seither habe ich jenes ‚Religiöse', das nichts als Ausnahme ist, Herausnahme, Heraustritt, Ekstasis, aufgegeben oder es hat mich aufgegeben. Ich besitze nichts mehr als den Alltag, aus dem ich nie genommen werde. Das Geheimnis tut sich nicht mehr auf, es hat sich entzogen oder es hat hier Wohnung genommen, wo sich alles begibt wie es sich begibt. Ich kenne keine Fülle mehr als die Fülle jeder sterblichen Stunde an Anspruch und Verantwortung."[222]

Selbst wenn man konzediert, dass das Bekehrungserlebnis im Nachhinein durch dialogisch inspirierte Terminologie zurechtgerundet wurde, ist an der Authentizität der Aussage nicht zu zweifeln.

Das Erlebnis der Bekehrung hat zwei Ufer: das Ereignis, das „nichts weiter", und die eigentliche Bekehrung, die als der Moment der Bewusstwerdung gedacht werden muss, Bewusstwerdung der Differenz zwischen Anspruch (im doppelten Sinne: eigener Anspruch an sich selbst und Ansprechen durch den anderen in Erwartung einer Antwort) und Wirklichkeit. Was es fordert, ist *nicht* Umkehr, Rückkehr zu schon gesichertem Terrain: Dem Blick in den Abgrund muss der Schritt in den Abgrund folgen.
Obgleich diese Erkenntnis in eine Zeit der labilen Verhältnisse fällt, politisch sowohl wie persönlich-philosophisch, beeindruckt die Konsequenz, mit der Buber seine „Arche Welt-Anschauung"[223] verlässt, seine Ansichten radikal revidiert und tatsächlich Ernst macht mit dem, was er bislang nur „theoretisch" propagiert hat: neu beginnen.

Dieses Beginnen begab sich jedoch, wie immer bei Buber, nicht in einer spontanen Entscheidung, der ein entschlossener Schritt folgte – ein neues Werk, das alle vorhergehenden für ungültig erklären würde –, sondern voraus ging ein längerer Prozess des Reifens. Bubers Denken befand sich damals schon seit einiger Zeit in einer Phase der Neuorientierung. Das Ziel blieb

---

[222] Zwiesprache, Werke I, S. 187
[223] Daniel, Werke I, S. 39

weiterhin die Einheit von Ich und Welt, nur der Weg der mystischen Versenkung hatte sich als untauglich erwiesen.
Im „Daniel" hatte Buber eine neue Weltanschauung begründet, die auf der Tat beruhte, der Verwirklichung der Welt durch den, der die Spannung von Leben und Tod auf sich nimmt. Buber sah nun die Zeit – und die Notwendigkeit – gekommen, dies, was er intuitiv als Projekt entworfen hatte, in der Welt zu realisieren: Der Weltkrieg war ausgebrochen.

3.4 Der Weg ins Unbedingte

3.4.1 Buber und der Krieg
Neben seiner philosophisch-literarischen Tätigkeit, aber nicht abgetrennt von ihr, war für Buber stets die Beschäftigung mit konkreten Fragen der Politik, des Zionismus, der Bildung und Erziehung von eminenter Bedeutung.
Im Juni 1914 wurde in Potsdam unter Beteiligung von Martin Buber und Gustav Landauer der sogenannte Forte-Kreis gegründet, ein Zusammenschluss von Literaten aus verschiedenen europäischen Nationen, „der, die Einung der Menschheitsvölker vertretend, sie in entscheidender Stunde zu autoritativem Ausdruck zu bringen vermöchte."[224] Sie fühlten sich als die „wesenhaften" Menschen, als die „Seienden, die Lebendigen, die das Leben mythisch groß und absolut leben wollen", als die „Wirklichen, die noch metaphysische Substanz und transzendente Erlebnisse haben"[225]. Aber „der Kriegsausbruch ... stellte den Zusammenhalt des werdenden Kreises auf eine Probe, die er nicht bestand."[226]

Wie weit sich Bubers Einsichten durch einen Dschungel von Gefährdungen kämpfen mussten, um dann geläutert daraus hervorzugehen, zeigt seine Haltung zum Krieg.

---

[224] Gustav Landauer. Sein Lebensgang in Briefen, 2. Band, S. 1f., zitiert nach: Grete Schaeder, Einleitung, Briefe I, S. 63
[225] Aufzeichnungen im Martin Buber-Archiv, zitiert nach Grete Schaeder, ebd., S. 64
[226] Gustav Landauer. Sein Lebensgang in Briefen, zitiert nach: Grete Schaeder, ebd.

Auch Buber verfällt der allgemeinen Kriegsbegeisterung, er verspricht sich davon „die Reinigung, die Befreiung des Geists"[227], schreibt: „... nie ist mir der Begriff ‚Volk' so zur Realität geworden wie in diesen Wochen. Auch unter den Juden herrscht fast durchweg ein ernstes großes Gefühl"[228], bedauert, nicht verwendet zu werden, „aber ich versuche auf meine Weise mitzutun."[229]

Buber hält sich nicht an die Mahnung von Theodor Däubler: „Die Intellektuellen sollten vor allem schweigen oder etwas gründlicher vorgehn: vor allem mit sich selber."[230] Er steigert sich in eine elitäre Unbedingtheits-Phraseologie von „einer Welt, in der die Besten beginnen, das Postulat der Geistesherrschaft folgerichtig zu erkennen"[231], und fährt fort: „... überall herrscht da eine ruhige, klare Entschlossenheit und Opferbereitschaft. Auf dem Grunde der Herzen liegt, jedem unbefangen Blickenden offenbar, kein suggeriertes, sondern ein autonomes und elementares Gefühl: der rückhaltlose Glaube an einen absoluten Wert, für den zu sterben die Erfüllung des Lebens bedeutet."[232]

Dieses Elementare – Buber meint durchaus nicht so etwas wie Vaterlands- oder Nationalgefühl – habe zwar noch nicht seine wahre Richtung gefunden, sei aber in Deutschland „endlich erwacht", und hierin sieht er seine neue Grundanschauung bestätigt: „Wir erleben das Absolute nicht in dem, was wir erfahren, sondern in dem, was wir schaffen."[233]

3.4.2 Der Wille zum Unbedingten

Für die Kraft, die „Gewalt", das Bekenntnis in die Tat umzusetzen, führt Buber den aristotelischen Begriff der „Kinesis"[234] ein, in der sich das Absolute

---

[227] So, Buber zitierend, Florens Christian Rang an Martin Buber, Brief vom 18. 9. 1914, Briefe I, S. 367
[228] Brief an Hans Kohn, 30. 9. 1914, Briefe I, S. 370
[229] Ebd., Briefe I, S. 371
[230] Brief vom 12. 10. 1914, Briefe I, S. 373
[231] Beilage zum Brief an Frederik van Eeden vom 16. 10. 1914, Briefe I, S. 376
[232] Ebd., Briefe I, S. 377
[233] Ebd., Briefe I, S. 377
[234] Eine der Grundkategorien der aristotelischen Philosophie überhaupt, die jede Art von Bewegung und qualitativer oder quantitativer Veränderung umfasst. Buber wendet ihn auf den Übergang vom Potenziellen zum Aktuellen an. In „Daniel" ist es die Kinesis,

bewährt und offenbart. „Jeder kann nur in seiner eigenen Kinesis, in seinem eigenen Verwirklichen den Gott erleben."[235] Das gilt nicht nur für den einzelnen Menschen, auch für die Völker und Zeitalter: „Wir hier in Deutschland haben es staunend und mitten im tausendfachen Grauen beglückt erkannt, dass wir in ein Zeitalter der Kinesis getreten sind", in dem die Seele des Menschen „sich ins Äußerste der Tat ausschwingt".

Diese Tat gewinnt ihre Freiheit und Vollendung „im Opfer für einen absoluten Wert"; die Menschen „werfen das Vertraute, das Sichere, das Bedingte hin, um sich in den Abgrund des Unbedingten zu stürzen." Darin offenbart sich das Unbedingte, darin „gibt sich das Göttliche kund."[236]

Dann ist es letztlich auch gleichgültig, wie der Krieg sich entscheidet: „Das entscheidende Volk einer Weltepoche ist, gleichviel ob es im Kampfe siegt oder besiegt wird, das Volk der größten Inbrunst, der stärksten Kinesis: weil es seinen Gott zur Wirklichkeit vollendet."[237]

Buber empfindet dies als eine „furchtbare Gnade; es ist die Gnade der neuen Geburt."[238] So, als hätte sich erfüllt, was er im „Daniel" beschrieben hatte, ohne zu ahnen, worauf es schon wenig später bezogen werden könnte: „Ich hatte die ewige Mauer, *die Mauer in mir*, niedergerissen. Von Leben zu Tod – von Lebendem zu Totem flutete die tiefe Verbundenheit."[239]

Der Krieg dient eigentlich nur dem „Namenlosen" zum Sinnbild, der die Kinesis erweckt hat; an den Geistesmenschen wird es sein, sie wach zu halten: „Nach diesem Krieg beginnt die große Aufgabe, beginnt die hohe Zeit des Geistes."[240]

Aus der Blindheit für das Ganze des Krieges heraus, die alles Geschehen nur unter dem Horizont der eigenen Überzeugungen zu sehen imstande ist, sagt Buber Dinge, die nicht *revidiert* werden müssen, für die es nur offener Augen bedarf, um zu sehen, was sie eigentlich bedeuten:

„durch die die Tat aus dem Erlebnis eines Einzelnen zu einem allen gegebenen Geschehen wird" (Werke I, S. 57)

[235] Briefe I, S. 378
[236] Alle Zitate: Briefe I, S. 378
[237] Briefe I, S. 379
[238] Briefe I, S. 378
[239] Daniel, Werke I, S. 70
[240] Briefe I, S. 379

„Das Ziel heißt nicht eine höhere Rechtsordnung, sondern das wahrhafte Leben in und zwischen den Menschen. Die höhere Rechtsordnung ist diesem Ziel nicht näher als die niedere, denn, wie der Tag des Einzelnen, so vollzieht sich der Tag der Gemeinschaft nicht in gradweisem Übergang, nicht im ‚Fortschritt', sondern im Sprung, in der Wende, in der Wandlung."[241]

Was so, als Aussage in der Wirklichkeit des Krieges, Unwahrheit ist und Anmaßung, verwandelt sich im Lichte der Dialogik, entfaltet erst dort *seine* Wahrheit. Lüge war es nicht, weil es im falschen Zusammenhang gesagt worden wäre – so wie der Satz „Es regnet" wahr ist, wenn es regnet, und unwahr, wenn es nicht regnet –, sondern weil es nicht seine eigene Wahrheit aussagte.

Der Brief musste so ausführlich zitiert werden, um deutlich zu machen, wie Buber sich in dieser Situation hinter seinen Begriffen verschanzt. Trotz einiger durchaus scharfsinniger Einsichten verkennt er einerseits völlig die politische Dimension und ignoriert andererseits die Vielzahl der menschlichen Tragödien.[242]

Wenn man diese Äußerungen, die der „Kriegsbuber"[243] nach kaum drei Monaten des Krieges getan hat, bewertet, darf man es sich nicht zu einfach machen. Natürlich zeugen sie von ungeheurer, ungeheuerlicher politischer Naivität und sind eher von den Hoffnungen und Erwartungen eines politisierenden Ästheten diktiert als von auch nur oberflächlichen Kenntnissen der politischen Wirklichkeit und den blutigen Tatsachen des Krieges.

Gustav Landauer hat von Anfang an den Krieg als ein Unglück und Verbrechen durchschaut und sich vom Forte-Kreis losgesagt. Auch Buber ist gemeint, wenn Landauer schreibt, dass sich „der geistige Deutsche in das

---

[241] Briefe I, S. 379

[242] Dies erklärt sich teilweise aus Bubers „Ästhetizismus", den ihm Landauer vorhält. Natürlich hat Buber keinesfalls den Krieg verherrlicht. – Immerhin ist bemerkenswert, dass sowohl Hans Kohn (1930) als auch Gerhard Wehr (1977) in ihren Buber-Biographien die zwiespältige Haltung Bubers zum Krieg mehr oder weniger mit Schweigen übergehen. Vgl. auch Mendes-Flohr, S. 137ff. – Mendes-Flohr verweist darauf, dass Buber einige anstößige Stellen in späteren Ausgaben seiner Schriften getilgt hat.

[243] Eine Formulierung Gustav Landauers im Brief an Buber vom 12. 5. 1916, in: Briefe I, S. 433

apokalyptische Nebelmeer unsäglich verworrener und verwirrender religiöser und metaphysischer Allgemeinheiten"[244] flüchtet.

Ohne den geringsten Zweifel, wie der Prophet eines neuen Zeitalters, erwartet Buber die Verwirklichung der eigenen Ideen. Er könnte auch an sich selbst gedacht haben, als er schrieb: „Was den entscheidenden Menschen von dem vorübergleitenden ewiglich abhebt, ist nicht, was er meint und will, sondern dass das, was er meint und will, nicht in seinen Gedanken stecken bleibt, sondern Ereignis wird."[245]
So hätte der Krieg dadurch, dass in ihm Bubers Ideen zur Tat gelangt wären, diesem seine Größe verliehen ... Aber so war es nicht: Buber hatte das Unbedingte noch nicht getan, hatte sich aus seiner Befangenheit in einem Netz, gestrickt aus Überzeugungen, die sich in Begriffen – Richtung, Kinesis, Verwirklichung Gottes – verknoten, noch nicht gelöst.

Schon wenig später äußert sich Buber wesentlich vorsichtiger: keine großen Worte mehr, nahezu das Eingeständnis der Sprachlosigkeit: „Aber was kann man einander in dieser Zeit mehr sagen als einen Gruß – ein Signal, dass man lebt, an einander denkt und einander zugetan ist."[246] Jetzt, „mitten im Chaos", gibt es für Buber nur noch die eine unerschütterliche Gewissheit, „dass es Verbundenheit gibt"; dies ist „die aufbauende Kraft, ... die Bürgschaft des kommenden Tages."[247]

Dennoch bedurfte es noch der kompromisslos scharfen, aber wohlwollenden Zurechtweisung durch Gustav Landauer[248], um Buber endlich zur Besinnung zu bringen.[249] Landauer wirft Buber „Verwirrung und Verstrickung"[250] vor und spricht aus, woran es Buber mangelt:

---

[244] Brief Landauers an Poul Bjerre, 27. 7. 1915, zitiert nach: Grete Schaeder, Einleitung, Briefe I, S. 64f.
[245] Briefe I, S. 378
[246] Brief an Hugo Bergmann vom 26. 4. 1915, Briefe I, S. 387
[247] Ebd., Briefe I, S. 387
[248] Brief vom 12. 5. 1916, Briefe I, S. 433ff.
[249] Mendes-Flohr äußert die Vermutung, dass Landauers Brief Bubers Wendung zum Dialog ausgelöst hat (vgl. Mendes-Flohr, S. 140).
[250] Briefe I, S. 438

„Sie wollen das Verworrene durch die bloße Betrachtung in Eines fassen, ohne aber auch nur in Ihrem Blick das Neue zu haben, das die Einheit schaffen könnte. Sie verleugnen das gerade Ihnen Wesentliche *in* der Anwendung Ihrer leeren Methode: Sie betrachten die Alltäglichkeit und erklären sie als das Wunder, Sie betrachten sie aber nicht gestaltend, sondern sich einfügend."[251]

3.4.3 Bekehrung zum Dialog

Die Verwirklichung, die Buber im Krieg heraufdämmern sah, hatte sich als seine eigene Verwirrung und Trübung herausgestellt.
Doch Buber, wenn er sich auch „in diesen Krieg hineinverirrt"[252] hatte, ließ sich nicht beirren. Aus dem Widerspruch, aus der Verunsicherung – aus dem Verstummen – wuchs das Neue hervor.

Bubers Geistesverfassung in dieser Phase des Umbruchs mögen einige Briefstellen andeuten. Ihm „mündet zuletzt alles wieder im Schweigen, weil alle Rede zunichte wird vor der allen Raum ausfüllenden Stimme dessen, was sich ereignet."[253] „Ich kann seit einiger Zeit keine persönlichen Briefe schreiben; warum, weiß ich nicht – ich bin verschüttet"[254], schrieb er an Ernst Elijahu Rappeport, und knapp ein Jahr später an Hans Kohn: „Zusammenhängendes habe ich in diesen Jahren nur wenig arbeiten können"[255].
Dennoch arbeitete Buber hart: Er engagierte sich für die Sache des Zionismus und gab die Zeitschrift „Der Jude" heraus, für die er etliche Beiträge über die politische und kulturelle Situation des Judentums verfasste.

Schon 1912 hatte er in einem Aufsatz „Zwiefache Zukunft" geschrieben, die Neugeburt des Judentums müsse aus der Unsicherheit des Exils hervorgehen, Grundlage der Neuschöpfung könne nur „die ungeheure Zerrissenheit,

---

[251] Briefe I, S. 436
[252] So Landauer in: Briefe I, S. 437
[253] Brief an Hugo Bergmann vom 26. 4. 1915, Briefe I, S. 387
[254] Brief vom 30. 8. 1916, Briefe I, S. 451. Tatsächlich haben die erhaltenen Briefe aus dieser Zeit zumeist einen sachlichen Geschäftston.
[255] Brief vom 5. 8. 1917, Briefe I, S. 503

die schrankenlose Verzweiflung, die unendliche Sehnsucht, das pathetische Chaos vieler heutiger Juden"[256] sein.
Jetzt ist die Zerrissenheit seine eigene[257]; und vielleicht hat Stefan Zweig auch zur rechten Zeit einen entscheidenden Punkt getroffen, wenn er an Buber schreibt, er „wollte keine andere Vereinung als im Geist, unserm einzigen realen Element ... Ich finde den gegenwärtigen Zustand[258] den großartigsten der Menschheit: dieses Einssein ohne Sprache, ohne Bindung, ohne Heimat nur durch das Fluidum des Wesens."[259]

Als eine der grauenhaftesten, weil folgenschwersten Eigenschaften des Krieges stellt Buber fest, dass er „alles verschlingt und Echtes und Fiktives, Geistiges und Ungeistiges" vermischt. Daraus folgt für Buber: „Kein Idealismus kann so rein, keine Begeisterung so gnadenreich sein, dass sie von dem System der Verwendung aller Dinge nicht erfasst und mit ihrem besonderen Verwendbarkeitszeichen abgestempelt werden könnten."[260]
Er spricht vom „blutigen Irrweg"[261] des Krieges und versucht, obwohl er angibt, „den Nationalismus überwunden"[262] zu haben, den Begriff der Nation – als Volksgemeinschaft – für die Sache des Zionismus zu retten, im Dienste „der Geburt der neuen Humanität"[263].

Die bittere Erkenntnis, dass er selbst trotz der längst und unablässig formulierten Kritik am Zweckdenken diesem erlegen war, indem er von der Katastrophe des Krieges die fällige Umkehr erwartete, überzeugte Buber von der Notwendigkeit der Umwertung seiner Begriffe. Aus der „radikalen Selbstberichtigung" des Erlebnisbegriffs geht Bubers Begriff der Begegnung (bzw. Beziehung) hervor. „,Erlebnis' gehört der exklusiv individuierten psychischen Sphäre an; ,Begegnung' oder vielmehr, wie ich zumeist zu sagen vor-

---

[256] Zitiert nach: Robert Weltsch, Einleitung, in: Der Jude und sein Judentum, S. XXV
[257] Gerhard Scholem konstatiert „in der jüngsten Zeit" einen „Riss" bei Buber (Brief vom 10. 7. 1916, Briefe I, S. 446). Buber behält sich vor, darauf einzugehen (Brief an Scholem vom 25. 7. 1916); so weit ich sehe, ist dies jedoch nicht geschehen.
[258] Gemeint ist die Diaspora des Judentums.
[259] Stefan Zweig an Martin Buber, 24. 1. 1917, Briefe I, S. 463
[260] Ein politischer Faktor, zitiert nach Mendes-Flohr, S. 142
[261] Unser Nationalismus, zitiert nach Mendes-Flohr, S. 141
[262] Brief an Moritz Goldstein vom 4. 2. 1917, Briefe I, S. 470
[263] Ebd., Briefe I, S. 470

ziehe, gerade um die zeitliche Begrenzung zu vermeiden, ‚Beziehung' transzendiert diese Sphäre von den Ursprüngen an."[264]

Buber meint, die psychologische Reduktion des Seins im Erlebnis habe destruktiv auf ihn gewirkt, „weil sie mir die Grundlage der menschlichen Wirklichkeit, das Auf-einander-zu, entzog."[265] Nach und nach löst Buber so seine Begriffe aus dem Zusammenhang des Religiös-Mystischen und lässt sie einen neuen Zusammenhang stiften: die Welt der Beziehung.

Es wird ersichtlich, dass die Erkenntnis nicht als Erleuchtung über ihn kam, sondern als Klärung, dass das Werk nicht in einem eruptiven Schöpfungsakt entstand, sondern in einem langen Schaffensprozess Gestalt annahm.
Buber selbst hat verschiedentlich über die Entstehung des dialogischen Gedankens Rechenschaft abgelegt. Im Nachwort zur Neuausgabe von „Ich und Du" (1957) spricht er von innerer Notwendigkeit, die ihn trieb: „Eine Sicht, die mich seit meiner Jugend immer wieder heimgesucht hatte und immer wieder getrübt worden war, hatte nun eine beständige Klarheit erlangt, und diese war so offenbar von überpersönlicher Art, dass ich alsbald wusste, für sie Zeugnis ablegen zu sollen."[266]

1961 fasst er „all die in den Jahren 1912-1919 von mir gemachten Seinserfahrungen" zusammen und sagt, dass sie ihm „in wachsendem Maße als *eine* große Glaubenserfahrung gegenwärtig"[267] geworden seien. Er bekennt ausdrücklich, dass die Ratio in diese Art von Erfahrung mit eingeschlossen sei, „nur eben nicht in ihrer abgelösten, selbstherrlichen Gestalt, sondern als einer der Träger." Daher kann sie als „zuverlässiger Bearbeiter" der Mitteilung fungieren und vermitteln, was vielleicht kein System ist, „aber ein in sich schlüssiger, transmittierbarer Denkzusammenhang."[268]

---

[264] Antwort, in: Schilpp/Friedman, S. 610
[265] Antwort, in: Schilpp/Friedman, S. 610
[266] Nachwort zu „Ich und Du" (1957), Werke I, S. 161
[267] Aus einer philosophischen Rechenschaft, Werke I, S. 1111
[268] Aus einer philosophischen Rechenschaft, Werke I, S. 1112

Es ist zu beachten, dass Buber die Ereignisse aus der Rückschau bewertet – er sieht sein Denken quasi durch die Brille des Dialogischen; *bestätigt* es im Hinblick auf die Kategorie des Ich-Du.

Das ist nicht so zu verstehen, dass Buber einen Kausalzusammenhang konstruierte, dergestalt dass ein bestimmtes Ereignis oder eine bestimmte Begegnung eine bestimmte Richtungsänderung oder Denkbewegung induzierte. Den Ursache-Wirkungs-Automatismus will er gerade suspendiert sehen. Man könnte eher an eine „metaphysische Kausalität"[269] denken, wie sie laut Buber im jüdischen Mythos als ein Zusammenhang von Gottes und des Menschen Schicksal hervortritt. Hier greift Bubers Begriff des Schicksals[270].
Dieser, obwohl Buber ihn schon vorher in üblichem Sinne verwendet, erhält erst durch die dialogische Beleuchtung seine eigenartige, nichtfatalistische Färbung: Schicksal als Korrelat zur Freiheit.

Ich hatte den Moment der Bekehrung als einen Moment der Bewusstwerdung bezeichnet. Das ist mehr als ein Innewerden, mehr als Besinnung, und darum ist die Bekehrung auch mehr als „Umbesinnung"[271]. Es ist ein kognitiver Akt, ein Akt der Erkenntnis – aber der negativen Erkenntnis: Nein, so ist es nicht. Aus dieser Erfahrung der Negation entspringt das Denken als Akt des Widerspruchs; dem „Nein" wird in wahrhafter Tat ein Gegenentwurf, ein „So ist es", entgegengestellt.

Insofern ist die Bekehrung ein Akt der Selbstbehauptung.
Jedenfalls registriert Mendes-Flohr in Bubers nach dem Frühjahr 1916 (also nach Landauers Brief) verfassten Schriften drei neue Elemente, nämlich ne-

---

[269] Der Mythos der Juden, in: Der Jude und sein Judentum, S. 87
[270] Vgl. hierzu Kap. 4.6.3
Zu Bubers Terminologie, die aus heutiger Sicht Misstrauen erregen könnte, weil sie wie ein unkritisches Operieren mit belasteten Begriffen erscheint, ist anzumerken, dass zu Beginn des Jahrhunderts zwischen verschiedenen ideologischen Lagern gewissermaßen ein Kampf um die inhaltliche Belegung von Begriffen wie „Schicksal" oder „Gemeinschaft" ausgefochten wurde. Es erübrigt sich, darauf hinzuweisen, dass Buber mit nationalistischen Phrasen von „Schicksalsgemeinschaft" nichts zu tun hat, ebenso wie ersichtlich ist, dass seine Rede vom „wahren Führertum" etwas radikal anderes meint als politische Propaganda.
[271] Wehr, S. 154

ben einer nun ausdrücklichen Anti-Kriegs-Haltung eine Neubewertung des Erlebens und eine Verlagerung des Gemeinschaftsgedankens aus dem subjektiven Bewusstsein in die Sphäre der Beziehung zwischen den Menschen.[272]

Buber muss verschiedene Anläufe unternehmen, um seine neuen Gedanken in eine gültige Form zu bringen. Erst 1923, nachdem er sich „das zuständige Wort erdient"[273] hatte, liegt „Ich und Du" als Werk[274] gedruckt vor. Ursprünglich als erster Teil eines fünfbändigen Werks geplant, blieben die restlichen Bände ungeschrieben, da sich Buber ihrem systematischen Charakter zusehends entfremdete.[275]

Und dennoch: Dies ist nicht nur ein weiterer Schritt auf einem weiten Weg, es ist ein Sprung in eine andere Welt, die Welt der Beziehung als Zwischenwelt. Mit diesem Neuansatz verwirklicht Buber das, was er im „Daniel" beschrieben, aber noch nicht wahrhaft „erkannt" hat: Die Wahrheit des wahrhaft, realisierend Erkennenden ist ewiger Neubeginn, ist kein Haben, sondern ein Werden.[276]

3.4.4 Der Heilige Weg

In einem Gustav Landauer gewidmeten Vortrag[277], der auch in wesentlichen Gedanken von dessen Sozialphilosophie eines Sozialismus ohne Staat beeinflusst ist, erhält die Idee des Zwischenmenschlichen ihren zweiten, nunmehr geläuterten Auftritt in Bubers Werk.

Wiederum ist es ihm zunächst um die Erneuerung des Judentums zu tun, um die Wiedergewinnung des innersten Judentums, dem die Juden untreu geworden seien. Buber beklagt die „verhängnisvolle Angleichung ... an den abendländischen Dualismus, der die Spaltung des menschlichen Seins in

---

[272] Vgl. Mendes-Flohr, S. 140
[273] Nachwort zu „Ich und Du" (1957), Werke I, S. 161
[274] „Werk ... ist die volle Atemeinheit einer Idee, wie sie je und je dem betrachtenden und bedenkenden Menschen widerfährt." (Martin Buber im Vorwort zu: Werke I, S. 7)
[275] Vgl. Zur Geschichte des dialogischen Prinzips, Werke I, S. 298
[276] Vgl. Daniel, Werke I, S. 39
[277] Der Vortrag wurde laut Auskunft von Mendes-Flohr mehrmals im Jahre 1918 in Wien gehalten (vgl. Mendes-Flohr, S. 172). Nachdem Gustav Landauer am 2. Mai 1919 ermordet worden war, wurde der Vortrag mit der Widmung „Dem Freunde *Gustav Landauer* aufs Grab" unter dem Titel „Der Heilige Weg" veröffentlicht.

zwei aus eigenem Recht bestehende und voneinander unabhängige Gebiete, die Wahrheit des Geistes und die Wirklichkeit des Lebens, sanktioniert, die Angleichung an die Gesinnung des *Vertrags*."[278]
Mit dieser Formulierung gibt Buber vorab zu verstehen, dass er das dialogische Verhältnis durchaus nicht als Geben und Nehmen, als ein Verhältnis des Austauschs (von Meinungen, Informationen oder auch Zuwendung) begreift, sondern – das wird später klar – als eines der unmittelbaren Verwirklichung.

Das wahre Leben ist das Leben im Angesicht Gottes. Denn: „Gott ist in den Dingen nur keimhaft zu schauen; aber er ist zwischen den Dingen zu verwirklichen."[279]
Dieser Perspektivwechsel, dass Verwirklichung nicht in den Dingen und nicht außerhalb der Dinge, sondern zwischen den Dingen stattfindet, eröffnet dem Blick die Dimension, die nun die bestimmende wird: Gemeinschaft.

> „Das Göttliche kann sich im Einzelnen erwecken, kann sich aus dem Einzelnen offenbaren, aber seine irdische Fülle erlangt es je und je, wo zum Gefühl ihres Allseins erwachte Einzelwesen sich einander öffnen, sich einander mitteilen, einander helfen, wo Unmittelbarkeit sich zwischen den Wesen stiftet, wo der sublime Kerker der Person entriegelt wird und Mensch zu Mensch sich befreit, wo im Dazwischen, im scheinbar leeren Raum sich die ewige Substanz erhebt: der wahre Ort der Verwirklichung ist die Gemeinschaft, und wahre Gemeinschaft ist die, in der das Göttliche sich zwischen den Menschen verwirklicht."[280]

Dieser Gemeinschaftsbegriff ist kein soziologischer mehr, obwohl ihm noch soziologische Reste anhaften, besonders im Hinblick auf den Bezug zur Landauerschen Utopie der „Wiedergeburt der Völker aus dem Geist der Gemeinde"[281]. Dadurch, dass Gemeinschaft – wie dann auch die Beziehung – zum Ort der Verwirklichung des Göttlichen wird, erhält sie eine metaphysische Aura. Dies wird verdeutlicht durch die Forderung des äußersten Einsatzes und der unbedingten Hingabe an die Verwirklichung; und in Bubers Deutung eines talmudischen Spruches heißt es: „... die Tat selber offenbart,

---

[278] Der Heilige Weg, in: Der Jude und sein Judentum, S. 89
[279] Der Heilige Weg, ebd., S. 90
[280] Der Heilige Weg, ebd., S. 90
[281] Landauer, Aufruf zum Sozialismus, zitiert nach Mendes-Flohr, S. 173

aus der eigenen Tat vernimmt der Mensch, vernimmt das Volk die Stimme Gottes."[282]

Nachdem in Bubers Reden und Schriften von Erneuerung und Verwirklichung bislang immer Enthusiasmus vorherrschte, kommt nun eine pessimistische Note in seinen Gedankengang, wenn er davon spricht, dass die Tat, die ihrem Wesen nach über sich hinausweist, „ihren Folgen preisgegeben"[283] ist, sobald sie in die Welt eintritt. Denn:

> „Alles steht ihr entgegen, die Starrheit der Erbgewohnte und die Trägheit der Augenblickssklaven, aber nicht minder der eilfertige Doktrinarismus und die verantwortungslose Demonstrationslust, die karge Selbstsucht und die unfügsame Eitelkeit, aber auch die hysterische Selbstvergeudung und das richtungslose Getue; der Kultus des sogenannten ‚reinen Gedankens' Hand in Hand mit dem Kultus der sogenannten ‚realen Politik'; und zudem alle bestehenden Mächte, die sich in der Übung ihrer Gewalt nicht stören lassen wollen."[284]

Erst in „Ich und Du" findet Buber dann wieder zu jenem Ton sachlich-schlichter Begeisterung, der seine Voraussetzung in der Erkenntnis hat, dass „die Beziehungen zwischen den Menschen ... sich verwandeln"[285] müssen, und seine Berechtigung in der Gewissheit, hierfür den archimedischen Punkt gefunden zu haben.

3.4.5 Sprung

In diesem Kapitel geht es um zweierlei: erstens um den Nachweis, dass dialogische Ansätze von Anbeginn Bubers Denken latent begleiteten, und zweitens um den Hinweis darauf, dass Bubers Denken immer entscheidend von persönlichem Erleben geprägt war. Diese beiden Komponenten trafen sich im Bekehrungserlebnis und initiierten dort die Wandlung zum Dialogischen.

---

[282] Der Heilige Weg, in: Der Jude und sein Judentum, S. 93
[283] Der Heilige Weg, ebd., S. 93
[284] Der Heilige Weg, ebd., S. 94
[285] Der Heilige Weg, ebd., S. 121

Die eigentliche Entstehungsgeschichte von „Ich und Du" (1918-22) kann nunmehr unberücksichtigt bleiben, da es sich im Wesentlichen um eine Aus- und Aufarbeitung eines visionären Gedankenkomplexes handelte, dessen Material Buber aber größtenteils schon zur Verfügung stand. Im Übrigen ist sie ausreichend dokumentiert.[286]
Insbesondere was den Einfluss der sogenannten Sprachdenker (Rosenzweig, Rosenstock-Huessy, Ebner) betrifft, konnte darauf verzichtet werden, diesen im Einzelnen zu verfolgen. Außerdem wird die konkrete Wirkung der Sprachdenker im Sinne von echten Gedankenübernahmen eher überschätzt.

Es hat sich gezeigt, dass die wesentlichen Vorstellungen schon längst in seinem Denken angelegt waren. Buber mag jene als Anregung und Bestätigung verstanden haben; darüber wird noch zu reden sein. Aufschlussreich ist vor allem die *Differenz* zu Buber. Diese wird, wo nötig, in den folgenden Kapiteln beleuchtet.

Wenn es stimmt, dass Martin Bubers „Ich und Du" mit den erwähnten und anderen, meist theologischen Werken, „in einem großen geistesgeschichtlichen Zusammenhang"[287] steht, so ragt es jedenfalls weit heraus – nicht nur der Wirkung nach, sondern auch gemäß der Tatsache, dass er es als Einziger gewagt hat, den philosophisch-theologischen Ballast über Bord zu werfen und nicht weiter im Theoretischen zu dümpeln, sondern zumindest versucht, einen gangbaren Weg zur Verwirklichung zu weisen.

Die bisherige Darstellung dürfte eines klar zum Vorschein gebracht haben: Beim Durchbruch in die Du-Welt handelt es sich nicht um die Ablösung eines Werkkomplexes durch einen anderen, die Überwindung des mystischen Phase durch die dialogische im Rahmen einer kontinuierlichen Entwicklung – man kann durchaus von einem Sprung sprechen, einem Sprung auch über den (und aus dem) Schatten der Philosophie.

---

[286] Vgl. Rivka Horwitz, Buber's Way to „I and Thou". Heidelberg 1978; vgl. auch Bloch, Die Aporie des Du, S. 205ff.
[287] Wehr, S. 155

4 Ich und Du

4.1 Zwiefalt

„Die Welt ..."
Buber beginnt sein Hauptwerk mit dem allumfassendsten Wort, das denkbar ist: alles, was ist.
„Die Welt ist ..."
Eine Aussage mit Allgemeingültigkeitsanspruch scheint anzuheben: universal, objektiv, apodiktisch.
„Die Welt ist dem Menschen ..."
Ein radikaler Perspektivenwechsel: es geht um den Menschen. Um den Menschen und sein Verhältnis zur Welt. Aber nicht um die Menschen geht es, die Menschheit, die Gattung, die Zahl – um den Einzelnen geht es, und zwar um jeden Einzelnen.

„Die Welt ist dem Menschen zwiefältig nach seiner zwiefältigen Haltung."[288] Buber sagt nicht: Die Welt erscheint dem Menschen, er sagt: „Die Welt ist ...". Das ist eine Aussage über das Sein der Welt, aber nicht als über ihre Eigenschaften oder ihr Wesen, sondern als das, was sie in Relation zum Menschen ist: zwiefältig. Nicht zweigeteilt, gespalten, sondern die *eine* Welt ist dem Menschen zwiefältig.

Somit wird schon im ersten Satz das fundamentale ontologische Verhältnis vom Menschen zur Welt offengelegt: In seinem Verhalten zur Welt kann der Mensch zwei Haltungen einnehmen.[289]

---

[288] Ich und Du, Werke I, S. 79
[289] Im Herbst 1934 sagt Buber: „Kann man eine Haltung einnehmen, ohne sie eben dadurch zu verfehlen? ... Haltung muss von selber geworden sein, um wirklich zu sein ... Haltung hat nur, wer Halt hat ... Wenn da nämlich ein unerschütterlicher Grund ist, der nur wartet, dass ich mich auf ihn stelle. Es tut nur Not, ... dass ich mich von ihm halten lasse, - *das* nimmt er mir nicht ab." (Das Haltende, in: Der Jude und sein Judentum, S. 589)

4.2 Die Grundworte

„Die Haltung des Menschen ist zwiefältig nach der Zwiefalt der Grundworte, die er sprechen kann."[290]
Der Mensch wird als der vorgestellt, der die Sprache hat; er kann die Grundworte sprechen; diese sind wiederum zwiefältig: Wortpaare.
Die Grundworte sind: *Ich-Du* und *Ich-Es.*
Welches Grundwort der Mensch spricht, bestimmt seine Haltung zur Welt. Dies hat weitreichende Konsequenzen:
„Somit ist auch das Ich des Menschen zwiefältig."[291]
Das bedeutet, dass es kein Ich an sich gibt, sondern nur das Ich der beiden Grundworte; dabei ist das Ich des Grundwortes Ich-Du ein anderes als das Ich des Grundwortes Ich-Es. Der Mensch kann, wenn er Ich spricht, nur eines der beiden Grundworte sprechen: er meint immer entweder Du oder Es mit.

Diese Grundworte sagen aber nichts aus, sie geben außer sich keine Auskunft, sondern, wie Buber sagt, „gesprochen stiften sie einen Bestand."[292]
Die Grundworte haben ein charakteristisches Merkmal: „Grundworte werden mit dem Wesen gesprochen."[293]
Dabei gibt es einen entscheidenden Unterschied: nämlich dass das Grundwort Ich-Du *nur* mit ganzem Wesen gesprochen werden kann, während das Grundwort Ich-Es *nie* mit ganzem Wesen gesprochen werden kann.
Den beiden Grundworten sind die beiden Bereiche der zwiefältigen Welt zugeordnet: „Die Welt als Erfahrung gehört dem Grundwort Ich-Es zu. Das Grundwort Ich-Du stiftet die Welt der Beziehung."[294]
Im ersten Fall nimmt der Mensch das Sein um sich herum als Dinge und Vorgänge wahr; die Dinge haben Eigenschaften im Raum, die Vorgänge ihre Zeit. Sie werden durch andere Dinge und Vorgänge begrenzt, sind mit ihnen vergleichbar; man kann sich mit anderen darüber verständigen.
Im zweiten Fall begegnet der Mensch „dem Sein und Werden als einem Gegenüber, immer nur *einer* Wesenheit und jedem Ding nur als Wesenheit; was da ist, erschließt sich ihm im Geschehen, und was da geschieht, widerfährt

---

[290] Ich und Du, Werke I, S. 79
[291] Ich und Du, Werke I, S. 79
[292] Ich und Du, Werke I, S. 79
[293] Ich und Du, Werke I, S. 79
[294] Ich und Du, Werke I, S. 81

ihm als Sein; nichts anderes ist gegenwärtig als dies eine, aber dies eine welthaft"[295]. So ist ihm diese Welt unzuverlässig, undicht, dauerlos, unübersehbar.

Die doppelte Zwiefalt (der Welt und des Ich) scheint zunächst nur den Dualismus um ein weiteres Begriffspaar zu bereichern – aber nun zeigt sich, dass die Welt keineswegs in zwei selbständige Teile gespalten ist, sondern innerhalb der einen Welt nimmt das eine Ich gewissermaßen zwei Wertigkeiten an, zwischen denen es sich bewegen kann.

4.3 Die Es-Welt

Die Welt des Es ist das, was wir normalerweise als die ganze Welt verstehen: die physikalische Welt, die Welt des Wissens und der Wissenschaft, die Welt des Denkens, Wahrnehmens und Empfindens – immer geht es um Dinge, um ein „Etwas". Es ist die begrenzte Welt: ein Ding grenzt an ein anderes; es ist die festgelegte Welt: alles hat seine Koordinaten im Raum-Zeit-Netz. Alles ist messbar, geordnet, überschaubar. Es ist die Welt, in der sich der Mensch einigermaßen zuverlässig zurechtfinden kann, weil sie Zusammenhang in Raum und Zeit hat, und: „In der Eswelt waltet uneingeschränkt die Ursächlichkeit."[296]
Es ist die Welt, in der sich die vertrauten Dualitäten von Subjekt und Objekt, Geist und Materie, Ursache und Wirkung, Zweck und Mittel erledigen.

4.3.1 Das Ich der Es-Welt

Das Ich des Grundwortes Ich-Es beschreibt Buber als das „Eigenwesen"[297], das sich als Subjekt des Erfahrens und Gebrauchens bewusst wird. Definiert ist es dadurch, dass es sich gegen andere Eigenwesen absetzt. In diesem Gesondertsein sonnt es sich; aber es ist zumeist nur eine „Fiktion seines Sonderseins, die es sich zurechtgemacht hat."[298] Seine Dynamik besteht im Sichabsetzen gegen das Andere und in dessen Besitznahme durch Erfahren

---

[295] Ich und Du, Werke I, S. 100
[296] Ich und Du, Werke I, S. 112
[297] Ich und Du, Werke I, S. 120
[298] Ich und Du, Werke I, S. 121

und Gebrauchen. Aber dadurch, dass es von einer Vielheit von Dingen und Inhalten umstanden ist, lebt es nur in der Vergangenheit, „und sein Augenblick ist ohne Präsenz."[299]

Das Ich der Es-Welt lebt nicht eigentlich in der Wirklichkeit, denn: „Wo keine Teilnahme ist, ist keine Wirklichkeit."[300]
Aber in der Es-Welt lässt sich ein Leben einrichten, und Buber akzeptiert, dass der Mensch ohne Es nicht leben kann. „Aber wer mit ihm allein lebt, ist nicht der Mensch."[301]

4.3.2 Der Mensch in der Es-Welt

Aus der Erfahrung holt der Mensch sein Wissen um die Beschaffenheit der Welt. Aber erfahren kann er nur Etwas, immer nur Es. Das gilt auch für die „inneren" Erfahrungen, sogar für die „geheimen" Erfahrungen – sie alle bleiben bloße Auskünfte. „Der Erfahrende hat keinen Anteil an der Welt."[302] Es ist ja seine Erfahrung, sie ist nicht *zwischen* ihm und der Welt. Das bedeutet, dass andererseits auch die Welt keinen Anteil an der Erfahrung hat: sie lässt sich nur erfahren, „aber es geht sie nichts an"[303].

Buber konstatiert in der Geschichte eine „fortschreitende Zunahme der Eswelt"[304]. Hiermit nimmt auch die Fähigkeit des Menschen zu, sie zu erfahren und zu gebrauchen. Der Erwerb von Kenntnissen, die spezialisierte Ausbildung von Fähigkeiten wird als eine fortschreitende „Entwicklung des geistigen Lebens"[305] betrachtet. Aber indem der Mensch seine wissenschaftliche Erkenntnis dazu verwendet, sich in der Welt auszukennen und sie sich zu erobern, indem er die Kunst nur im Hinblick auf ihren Ausdruck, ihre Qualitäten, ihren Rang untersucht, indem er „den Geist sich zum Genussmittel präparierte"[306], erfolgt eine Minderung seiner Beziehungskraft.

---

[299] Ich und Du, Werke I, S. 86
[300] Ich und Du, Werke I, S. 120
[301] Ich und Du, Werke I, S. 101
[302] Ich und Du, Werke I, S. 81
[303] Ich und Du, Werke I, S. 81
[304] Ich und Du, Werke I, S. 102
[305] Ich und Du, Werke I, S. 103
[306] Ich und Du, Werke I, S. 106

So wendet er die selben Techniken im Umgang mit seinen Mitmenschen an und trennt sein Leben in zwei Reviere: Einrichtungen und Gefühle.
Unter Einrichtungen versteht Buber das „Draußen", in dem der Mensch arbeitet, organisiert, konkurriert; es ist „das halbwegs geordnete und einigermaßen stimmende Gefüge, in dem sich unter vielfältigem Anteil von Menschenköpfen und Menschengliedern der Ablauf von Angelegenheiten vollzieht."[307]
Dagegen sind die Gefühle das „Drinnen" des Menschen. „Hier schwingt einem das Spektrum der Emotionen vor dem interessierten Blick; hier genießt man seine Neigung und seinen Hass, seine Lust und, wenn er's nicht zu arg treibt, seinen Schmerz."[308]
Die Abgrenzung der beiden Bereiche ist nicht immer zu bewerkstelligen, wenn etwa mutwillige Gefühle in den Einrichtungen mitspielen; oder in den Einrichtungen des persönlichen Lebens, etwa der Ehe.

Buber sagt von beiden, dass sie den Menschen nicht kennen, dass sie die Gegenwart nicht kennen, dass sie keinen Zugang zum wirklichen Leben haben, denn es geht ihnen entweder nur um den Menschen als „Exemplar" oder als „Gegenstand", es geht ihnen nie um die Person, nie um die Gemeinsamkeit. „Einrichtungen ergeben kein öffentliches und Gefühle kein persönliches Leben."[309]

Diese Feststellungen bringen Buber jedoch keineswegs dazu, die Es-Welt in Bausch und Bogen zu verurteilen – wie er es in seiner mystischen Phase noch getan hätte –; er erkennt im Gegenteil ihre Daseinsberechtigung durchaus an, nur nicht, dass sie „sich anmaßt, das Seiende zu sein."[310]

---

[307] Ich und Du, Werke I, S. 106
[308] Ich und Du, Werke I, S. 106
[309] Ich und Du, Werke I, S. 107
[310] Ich und Du, Werke I, S. 108

4.4 Urdistanz und Beziehung

4.4.1 Die Welt

Buber versucht eine „anthropologische Grundlegung der Dualität von Ich-Du und Ich-Es"[311], indem er die Frage nach dem Prinzip des Menschseins stellt. Aus der Tatsache, dass die Wirklichkeit des Geistes nicht ohne den Menschen gegeben ist, dieser aber zugleich ein Bestandteil der Natur ist, folgert er, dass dem Menschsein eine eigene Kategorie des Seins zugrunde liegt.[312]

Dies äußert sich darin, „dass das Prinzip des Menschseins kein einfaches, sondern ein doppeltes ist, in einer doppelten Bewegung sich aufbauend"[313].

Die erste nennt Buber die „Urdistanzierung", die zweite das „In-Beziehung-Treten", wobei die erste Bewegung Voraussetzung der zweiten ist, weil man nur zu distanziertem Seienden überhaupt in Beziehung treten kann. „Ein selbständiges Gegenüber aber gibt es nur für den Menschen."[314]

Für die Tiere gibt es nur eine Umwelt, die durch seine Sinne und seine Bedürfnisse abgegrenzt ist. Erst für den Menschen gibt es eine *Welt,* das heißt er ist in der Lage, das Ganze der Welt als den Seinszusammenhang „innezuhaben", und zwar weil er „das Wesen ist, durch dessen Sein das Seiende von ihm abgerückt und in sich anerkannt wird."[315]

Buber begründet dies damit, dass es keine Menschen gebe, die nicht das ihnen Bekannte – und auch das Unbekannte – irgendwie zu einer Welt verbinden und sich zu dieser verhalten. Dieses In-Beziehung-Treten zur Welt als solcher nennt Buber „synthetische Anschauung", das ist „die Anschauung eines Seienden als Ganzheit und Einheit."[316]

Wer sich auf diese Weise der Welt zuwendet und anschauend zu ihr in Beziehung tritt, kann von da her auch das Einzelne als Einheit und Ganzheit

---

[311] Antwort, in: Schilpp/Friedman, S. 594
[312] Vgl. Urdistanz und Beziehung, Werke I, S. 411
[313] Urdistanz und Beziehung, Werke I, S. 412
[314] Urdistanz und Beziehung, Werke I, S. 412
[315] Urdistanz und Beziehung, Werke I, S. 413
[316] Urdistanz und Beziehung, Werke I, S. 414

wahrnehmen, aber erst „die Anschauung des mir gegenüber welthaft Wesenden in seiner vollen Gegenwärtigkeit, zu der ich, selber als Gesamtperson gegenwärtig, mich in die Beziehung gesetzt habe, gibt mir die Welt wahrhaft als ganze und eine."[317]

Ebenso wenig wie der Distanzierungsakt ist dabei der Beziehungsakt als ein Erstes aufzufassen, beide Bewegungen sind aber auch nicht zwei Seiten desselben Prozesses. Der Distanzierungsakt als Voraussetzung des Beziehungsaktes bereitet diesem nur den Raum. In der Geschichte manifestiert sich der unterschiedliche Anteil der Beziehung am Zusammenwirken der beiden Bewegungen.

4.4.2 Dinge und Menschen

Für Buber stellen sich nun zwei Fragen: „Wie ist der Mensch möglich?" und „Wie verwirklicht sich das Menschsein?"; er beantwortet sie so: „... die Urdistanz stiftet die menschliche Situation, die Beziehung das Menschwerden in ihr."[318]
Buber veranschaulicht diese Differenz am Verhältnis des Menschen zu den Dingen und zu dem Mitmenschen.
Auch Tiere gebrauchen Dinge zu einem bestimmten Zweck. Aber diese gewinnen kein Fürsichsein, sie werden in ihrem Bewusstsein nicht selbständig als Werkzeug. Nur dem Menschen gelingt die Erkenntnis, dass eine Funktion aktualisiert werden kann, dass ein geeignetes Ding in seiner Selbständigkeit, in seiner Funktion fortbesteht und als solches wiedergefunden werden kann. Ist dieser Schritt einmal gelungen, sind alle weiteren Bearbeitungen, Verfeinerungen, Ausgestaltungen nur „Techne", die nichts mehr am Wesen ändert.

Nun kann ein essenziell Neues hinzutreten, nämlich das *Zeichen*. Buber meint, der Mensch habe „ein großes Verlangen, zu den Dingen in persönliche Beziehung zu kommen und seine Beziehung zu ihnen ihnen aufzuprägen."[319] Da ihm dazu der Gebrauch und selbst der Besitz nicht genügen, versucht er, die Beziehung mittels Bildzeichen einzubilden.

---

[317] Urdistanz und Beziehung, Werke I, S. 415
[318] Urdistanz und Beziehung, Werke I, S. 416
[319] Urdistanz und Beziehung, Werke I, S. 418

Aus diesen Bildzeichen werden irgendwann selbständige Gebilde. Hieraus ergibt sich Bubers Kunstbegriff: „Kunst ist weder Impression naturhafter Objektivität noch Expression seelenhafter Objektivität, sie ist Werk und Zeugnis der Beziehung zwischen der substantia humana und der substantia rerum", und das ist für Buber „das gestaltgewordene Zwischen."[320]
Diese Auffassung der Kunst als gestaltgewordenes – gestaltetes – Zwischen erklärt auch, warum Buber in seine Arbeiten immer wieder kunstphilosophische Betrachtungen einstreut: Er begründet das Zwecklose des Kunstschaffens nicht aus dem Ausdruckswollen oder dem Eindruckschildern, sondern aus der *Beziehung*, dem Anliegen Bubers schlechthin.

Was außer der Technik (von Geräten und Waffen) die erfolgreiche Behauptung des Menschen auf der Erde ermöglichte, ist die gegenseitige individuelle Funktions-Ergänzung und die dadurch ermöglichte „dynamische, anpassungsfähige, pluralistische Form des Zusammenschlusses."[321] Buber meint selbst in den autoritativsten Strukturen noch die Anerkennung der verschiedenen Neigungen und Eignungen des Einzelnen, einen gesellschaftlichen Ausgleich von Festigkeit und Lockerheit feststellen zu können. Denn nur „der Mensch, als Mensch, distanziert und verselbständigt den Menschen, er lässt sich von Menschen wie er selber umleben, und so kann er, nur er, als er selber in Beziehung zu seinesgleichen treten."[322]
Dahinter steht der Wunsch jedes Menschen, als das, was er ist – und werden kann – bestätigt zu werden, „und die dem Menschen eingeborene Fähigkeit, seine Mitmenschen ebenso zu bestätigen."[323]

4.4.3 Die Sprache
Für Buber repräsentiert die Sprache, „das große Merk- und Denkmal des menschlichen Miteinanderseins"[324], in doppelter Hinsicht das Prinzip des Menschseins.

---

[320] Urdistanz und Beziehung, Werke I, S. 418
[321] Urdistanz und Beziehung, Werke I, S. 419
[322] Urdistanz und Beziehung, Werke I, S. 419
[323] Urdistanz und Beziehung, Werke I, S. 420
[324] Urdistanz und Beziehung, Werke I, S. 420

Während der Mensch das *Anrufen* mit vielen Tieren gemeinsam hat, ist das *Anreden* etwas ihm wesentlich Eigenes. Die Anrede „gründet sich auf die Setzung und Anerkennung der selbständigen Anderheit des Andern"[325]. Anredend und Rede stehend wird so Beziehung gepflegt.
Ähnlich wie hergerichtete Geräte als gebrauchsfertige Objekte zur Verfügung stehen, werden die verselbständigten Rufe zu Worten, die für sich bestehen können, das heißt: In der Sprache „hebt die Anrede sich gleichsam auf, sie neutralisiert sich – aber um immer wieder, ... im echten Gespräch, sich lebendig wiederzugewinnen."[326]
In der Sprache manifestiert sich des Menschen Doppelverhältnis zur Welt: Urdistanz und Beziehung. „Der Mensch, er allein, spricht, weil nur er das Andere, eben das ihm distantiell gegenüberstehende Andere, ansprechen kann; indem er es aber anspricht, tritt er in die Beziehung ein."[327]
Für Buber bedeutet das echte Gespräch[328] die Anerkennung der Anderheit des Anderen. Das echte Gespräch verlangt allerdings, dass jeder – jenseits aller Meinungsverschiedenheiten – den Anderen als den akzeptiert und rückhaltlos bestätigt, der er ist, also ihn „von Wesen zu Wesen bejaht."[329]
In echten Begegnungen entstehen Menschentum und Menschheit, weil der Mensch sich nicht nur als vom Andern begrenzt, sondern in seinem individualen Sein bestätigt erfährt – aber darüber hinaus wird das eigene Verhältnis zur errungenen Wahrheit durch das andere Verhältnis des Anderen zur selben Wahrheit erhöht und bestätigt.

4.4.4 Vergegenwärtigung

Das Prinzip des Menschseins verwirklicht sich in der Sphäre zwischen den Menschen. Diese Verwirklichung gipfelt in einem Vorgang, den Buber Vergegenwärtigung nennt.

---

[325] Urdistanz und Beziehung, Werke I, S. 420
[326] Urdistanz und Beziehung, Werke I, S. 420
[327] Das Wort, das gesprochen wird, Werke I, S. 449
[328] Buber interpoliert: „Wenn wir je dazu gelangten, uns nur noch ... kontaktlos ... miteinander zu verständigen, wäre die Chance der Menschwerdung bis auf weiteres vertan." (Urdistanz und Beziehung, S. 421)
[329] Urdistanz und Beziehung, Werke I, S. 421

Vergegenwärtigung gründet in der menschlichen Realphantasie[330]. Damit meint Buber die Fähigkeit, „sich eine in diesem Augenblick bestehende, aber nicht sinnenmäßig erfahrbare Wirklichkeit vor die Seele zu halten"[331], anders gesagt ist es das Vermögen, sich die momentanen Gedanken und Empfindungen eines anderen Menschen vorstellen zu können, aber nicht deren isolierten Inhalt, sondern als Elemente des Lebensprozesses dieses einen Menschen.

In der vollen Vergegenwärtigung kommt noch etwas Entscheidendes hinzu, das Buber am Beispiel des Mitgefühls veranschaulicht. Vergegenwärtigung in vollem Sinne ist nur der Vorgang, „in dem ich etwa den spezifischen Schmerz eines andern so erfahre, dass mir das Spezifische an ihm, also nicht nur ein allgemeines Unbehagen oder Leidwesen, sondern dieser besondere Schmerz, und doch als der des andern, fühlbar wird."[332]

Hiermit erschließt sich für Buber die ontologische Bedeutung der Vergegenwärtigung. Jeder ist in der uns selbständig umgebenden Welt Mensch und Mit-Mensch zugleich; aber indem wir einen Menschen „als ein Mensch-Seiendes fassen, ist er nicht mehr Bestandteil, sondern in seinem Selbstsein da wie ich"[333]. Das bedeutet, dass die Distanzhaftigkeit eine gegenseitige ist; und nun erst ist die Voraussetzung für die beiderseitige Selbstwerdung gegeben: die „Gegenseitigkeit der Vergegenwärtigung"[334]. Diese Selbstwerdung will Buber streng ontologisch, keinesfalls psychologisch verstanden wissen; sie geht einher mit der gegenseitigen Akzeptation, denn „einander reichen die Menschen das Himmelsbrot des Selbstseins."[335]

---

[330] Buber benutzt den Begriff nochmals in „Elemente des Zwischenmenschlichen", um sich gegen den Begriff der Intuition abzusetzen (vgl. Werke I, S. 280).
[331] Urdistanz und Beziehung, Werke I, S. 422
[332] Urdistanz und Beziehung, Werke I, S. 422
[333] Urdistanz und Beziehung, Werke I, S. 423
[334] Urdistanz und Beziehung, Werke I, S. 423
[335] Urdistanz und Beziehung, Werke I, S. 423

4.5 Der Ursprung der Beziehungsfähigkeit

4.5.1 Naturhafte Verbundenheit

„Im Anfang ist die Beziehung."[336]
Um diese Aussage, die die kategoriale Bedeutung der Beziehung fundiert, zu belegen, greift Buber auf das anthropologische Faktum zurück, dass die Satzworte „primitiver" Völker zumeist die Ganzheit von Beziehungen bezeichnen, Erlebnissituationen, in denen der Erlebende und das Erlebte eine untrennbare Einheit bilden. Der „Naturmensch" macht keine Erfahrungen von der Welt, die sich im *Wissen* von ihm ablösen, sondern erlebt sein Gegenüber in Beziehungsvorgängen und lebt mit ihm in Beziehungszuständen. Alle wesentlichen Erscheinungen haben für ihn Beziehungscharakter. Sein Weltbild ist „magisch", weil dessen Kausalität kein Kontinuum ist, sondern „ein immer neues Aufblitzen, Ausfahren und Sichhinwirken der Kraft, eine vulkanische Bewegung ohne Zusammenhang."[337]
Hier waltet noch kein Ich-Bewusstsein, kein Erfahrungssubjekt; hier ist also das Grundwort Ich-Du naturhaft, vorgestaltlich angelegt. (Das Grundwort Ich-Es wird ja überhaupt erst durch die Ich-Erkenntnis und die Ablösung des Ich möglich.) Dadurch, dass es im vor-ichhaften Beziehungsereignis nur „den Menschen und sein Gegenüber, in ihrer vollen Aktualität gibt,"[338] ist das Ich darin aber schon eingeschlossen; der Mensch verspürt es, ohne sich dessen schon innezuwerden.

Erst wenn das Ich der Beziehung existent geworden ist, kann auch das Grundwort Ich-Es in Gestalt bewusster Ichakte entstehen: „... das hervorgetretene Ich erklärt sich als Träger der Empfindungen, die Umwelt als deren Gegenstand."[339]

---

[336] Ich und Du, Werke I, S. 90
[337] Ich und Du, Werke I, S. 92
[338] Ich und Du, Werke I, S. 93
[339] Ich und Du, Werke I, S. 93

4.5.2 Das eingeborene Du

„Dass die geistige Realität der Grundworte sich aus einer naturhaften erhebt, die des Grundwortes Ich-Du aus der naturhaften Verbundenheit, die des Grundwortes Ich-Es aus der naturhaften Abgehobenheit"[340], macht uns Buber am Kind klar.

Das vorgeburtliche Leben ist reine naturhafte Verbundenheit; diese wird aufgehoben nicht in der mythischen Sehnsucht nach Rückkehr in den Schoß der Mutter oder der Mutter Erde, sondern in der Sehnsucht nach welthafter Verbundenheit mit einem wahren Du.

Der Mensch, der in die Schöpfung eintritt, hat sie noch nicht, er muss sie sich erst zur Wirklichkeit machen. „Die Schöpfung offenbart ihre Gestaltigkeit in der Begegnung"[341]. Damit meint Buber, dass der entstehende Mensch, dem ja noch kein Ding Bestandteil der Erfahrung ist, sich diese erst durch Sehen, Hören, Tasten erwerben muss, und dies geht nicht anders als „in der wechselwirkenden Kraft des Gegenüber ..., im Blitz und Widerblitz der Begegnung."[342]

Im anscheinend ziel- und zwecklosen Suchen der Hände und Blicke nach Unbestimmtem sieht Buber die Ursprünglichkeit des Beziehungsstrebens realisiert: Das Kind nimmt nicht zuerst einen Gegenstand wahr, um dann eine Beziehung zu ihm aufzunehmen, sondern das erste ist das Beziehungsstreben, dann kommt die Beziehung als „eine wortlose Vorgestalt des Dusagens"[343].

Diese Wesenskategorie, die Bereitschaft zur Beziehung, nennt Buber *„das eingeborene Du"*[344].

Wir können Bubers These vom eingeborenen Du an einem Beispiel verdeutlichen: Gar nicht selten kommt es vor, dass ein Kind einen Fremden, der ihm begegnet, *unvermittelt* anlächelt. Oder es sagt: „Hallo."

Ganz absichtslos, ohne sich etwas dabei zu denken, ohne etwas von ihm zu wollen, nur so im Vorübergehen: „Hallo."[345]

---

[340] Ich und Du, Werke I, S. 94
[341] Ich und Du, Werke I, S. 95
[342] Ich und Du, Werke I, S. 95
[343] Ich und Du, Werke I, S. 96
[344] Ich und Du, Werke I, S. 96

Aus dem Kommen und Gehen der Gegenüber, aus dem Wechsel der Beziehungsereignisse wächst langsam das Bewusstsein des Bleibenden heraus, das Ich-Bewusstsein. So wird der Mensch „am Du zum Ich"[346].

4.5.3 Drei Sphären der Begegnung

Buber unterscheidet drei Sphären, in denen sich die Beziehung realisiert.

Erstens: das Leben mit der Natur. Dieses bleibt „untersprachlich", denn die Lebewesen erreichen uns nicht und unser Du-Sagen „haftet an der Schwelle der Sprache."[347]
Zweitens: das Leben mit den Menschen.
Drittens: das Leben mit den geistigen Wesenheiten. Diese Beziehung nennt Buber „sprachlos, aber sprachzeugend"[348], denn wir vernehmen kein Du, sondern einen Anruf, auf den wir „bildend, denkend, handelnd"[349] antworten.

Buber begründet die Einbeziehung des Außersprachlichen in die Welt des Grundwortes damit, dass wir in *jeder* der drei Sphären in spezifischer Weise das ewige Du vernehmen, und „in jedem Du reden wir das ewige an"[350].

Für diese Ausweitung des dialogischen Verhältnisses auf *alles*, was dem Menschen überhaupt begegnen kann, ist Buber oft und arg gescholten worden, und in der Tat ist die Notwendigkeit der Übertragung der Du-Beziehung auf das Weltganze nicht einzusehen.[351] Dies ist wohl der mystische Rest in seinem Denken; und vielleicht birgt der Vorwurf ja schon die Antwort: dass es ihm nämlich ums Ganze geht.

---

[345] Die Unbefangenheit mag ihm schnell ausgetrieben werden, wenn der Fremde missmutig oder abweisend reagiert, oder wenn die Eltern das kindliche Verhalten problematisieren: „Warum hast du das gesagt, du kennst den doch gar nicht." So lernt das Kind, dass Kommunikation einem Zweck zu gehorchen habe, um „sinnvoll" zu sein.
[346] Ich und Du, Werke I, S. 97
[347] Ich und Du, Werke I, S. 81
[348] Ich und Du, Werke I, S. 81
[349] Ich und Du, Werke I, S. 81
[350] Ich und Du, Werke I, S. 81
[351] Im Nachwort zu „Ich und Du" von 1957 versucht Buber - nicht ohne gewisse Plausibilität - dies zu rechtfertigen. Darauf kann hier nicht näher eingegangen werden.

Dahinter mag der – offensichtlich nicht weiter verfolgte – Versuch stehen, eine metaphysische Systematik des Dialogs in stufenweisem Aufstieg vom Niedersten zum Höchsten zu konstruieren.[352]

Wir haben uns hier ausschließlich mit der zweiten Sphäre, dem Leben mit den Menschen, zu befassen. Es ist die Sphäre, in der die Beziehung sich sprachgestaltig offenbart, in der Du gesprochen und vernommen wird.

4.6 Das Du der Begegnung

„Wer Du spricht, hat kein Etwas zum Gegenstand."[353] Mit diesem Satz ist schon die kategoriale Differenz zur Es-Welt ausgesagt. Das Du grenzt nicht, grenzt an nichts; und wer Du sagt, hat nichts, erfährt nichts, erkennt nichts – „Aber er steht in der Beziehung."[354]

Dem Du begegnet man nicht, indem man danach sucht. „Du" verlangt die Wesenstat, nichts von sich vorzuenthalten und mit ganzem Wesen das Grundwort zu sprechen.
Aber die Konzentration zum ganzen Wesen ist nicht meine Tat, sie geschieht nicht durch mich, allerdings auch nicht ohne mich; das heißt: „Ich werde am Du; Ich werdend spreche ich Du."[355]

4.6.1 Die Grundkategorien der Begegnung

4.6.1.1 Unmittelbarkeit und Ausschließlichkeit
Zwischen dem Ich und dem Du der Begegnung müssen alle Mittel zerfallen: „Die Beziehung zum Du ist unmittelbar."[356] Das bedeutet, dass zwischen Ich und Du nichts steht: kein Zweck und keine Erwartungen, keine Begriffe und

---

[352] „Da ich eine metaphysische Ganzheit nie zu fassen und demgemäß ein metaphysisches System nicht zu bauen bekommen habe, habe ich an Impressionen Genüge finden müssen." (Antwort, in: Schilpp/Friedman, S. 603)
[353] Ich und Du, Werke I, S. 80
[354] Ich und Du, Werke I, S. 80
[355] Ich und Du, Werke I, S. 85
[356] Ich und Du, Werke I, S. 85

kein Anspruch. Die Differenz zwischen Du und Es ist die zwischen Gegenwart und Gegenstand.

Dass der Wesensakt, der die Unmittelbarkeit stiftet, verkannt wird, wenn man ihn als durch Gefühle bestimmt versteht, verdeutlicht Buber an der Liebe: „... die Liebe geschieht."[357]

Gefühle *hat* der Mensch, sie sind in ihm – „aber der Mensch wohnt in seiner Liebe."[358] Buber besteht darauf, dass dies nicht als Metapher zu verstehen sei: Die Liebe hat das Du nicht zum Inhalt oder Gegenstand, die Liebe „ist *zwischen* Ich und Du."[359]

Damit ist schon gesagt, dass die Beziehung Ausschließlichkeit beansprucht: außer Ich und Du kann nichts bestehen.

4.6.1.2 Aktion und Passion

„Das Du begegnet mir. Aber ich trete in die unmittelbare Beziehung zu ihm."[360] So kann Buber die Beziehung als Erwähltwerden und Erwählen in einem verstehen: Aktion ist es als Wesenstat, damit Aufhebung aller Teilhandlungen und der damit verbundenen Begrenztheiten, somit auch der dadurch ausgelösten Empfindungen – und damit so etwas wie Passion.

4.6.1.3 Gegenseitigkeit und Anerkennung

In Bubers Beschreibung der Liebe war schon klar geworden, dass sie „ein welthaftes Wirken"[361] ist, im Sinne der Verantwortung eines Ich für ein Du. Daher ist Beziehung Gegenseitigkeit. „Mein Du wirkt an mir, wie ich an ihm wirke."[362]

In der Welt der Beziehung herrscht die Gegenseitigkeit des Gebens: „... du sagst Du zu ihr und gibst dich ihr, sie sagt Du zu dir und gibt sich dir."[363] Gerade diese überaus wichtige Kategorie der Gegenseitigkeit wird von den Sprachdenkern derart vernachlässigt, dass man ihren Beitrag nicht mehr an Bubers messen kann. Sie substituieren das Ich durch ein Du und verfehlen

---

[357] Ich und Du, Werke I, S. 87
[358] Ich und Du, Werke I, S. 87
[359] Ich und Du, Werke I, S. 87
[360] Ich und Du, Werke I, S. 85
[361] Ich und Du, Werke I, S. 87
[362] Ich und Du, Werke I, S. 88
[363] Ich und Du, Werke I, S. 100

daher die Zwiefalt der Welt, deren Entdeckung Bubers besondere Leistung
ist.

4.6.1.4 Aktualität und Latenz
Buber sieht es als „die erhabene Schwermut unseres Loses, dass jedes Du in
unsrer Welt zum Es werden muss."[364]
Jedes Es kann einem Ich zum Du werden, aber Ich und Du können nicht in
der unmittelbaren Beziehung verharren: sie müssen wieder ihren Platz in der
Es-Welt einnehmen, im Zusammenhang von Raum und Zeit. Damit lässt
nicht notwendig die Beziehung nach, sondern nur „die Aktualität ihrer Unmittelbarkeit."[365]

Die Du-Momente sind im Koordinatensystem der Es-Welt die singulären Ereignisse. Nach dem Beziehungsvorgang *muss* das einzelne Du wieder zum
Es werden. Aber: „Das einzelne Es *kann*, durch Eintritt in den Beziehungsvorgang, zu einem Du werden."[366]
Das bedeutet, dass Beziehungen aktualisiert werden können – müssen. Das
wirkliche Leben ist ein „Wechsel von Aktualität und Latenz."[367]

4.6.1.5 Gegenwart und Wirklichkeit
Bubers Begriff der Wirklichkeit hat in der Es-Welt keinen Ort. Wirklichkeit ist
für ihn das, was in der Beziehung wirkt.

> „Der Zweck der Beziehung ist ... die Berührung des Du. ...
> Wer in der Beziehung steht, nimmt an einer Wirklichkeit teil, das heißt: an einem
> Sein, das nicht bloß an ihm und nicht bloß außer ihm ist. Alle Wirklichkeit ist ein
> Wirken, an dem ich teilnehme, ohne es mir eignen zu können. Wo keine Teilnahme
> ist, ist keine Wirklichkeit. ...
> Das Ich ist wirklich durch seine Teilnahme an der Wirklichkeit. Es wird um so
> wirklicher, je vollkommener die Teilnahme ist."[368]

---

[364] Ich und Du, Werke I, S. 89
[365] Ich und Du, Werke I, S. 145
[366] Ich und Du, Werke I, S. 101
[367] Ich und Du, Werke I, S. 89
[368] Ich und Du, Werke I, S. 120f.

Wenn ein Ich aus dem Beziehungsereignis heraustritt, verliert es seine Wirklichkeit nicht: „Die Teilnahme bleibt in ihm angelegt und lebendig bewahrt"[369]. In diesem Bereich, der Subjektivität, wird das Ich sich der Verbundenheit und der Abgelöstheit zugleich bewusst. Diese Subjektivität will Buber dynamisch verstanden wissen: als das Verlangen nach immer unbedingterer Beziehung, nach immer vollkommenerer Teilnahme am Sein. „In der Subjektivität reift die geistige Substanz der Person."[370]

Anders als das Eigenwesen, das sich nur in seinem Sosein erkennt und damit vom Sein entfernt, wird sich die Person ihrer selbst als eines Mitseienden – und also eines Seienden – bewusst. Dadurch gibt die Person aber nicht ihr Anderssein auf, es bedeutet ihr nur nichts.
Durch In-Beziehung-Treten kann jedes Eigenwesen zur Person werden. Als Eigenwesen hat es eigentlich kein Ich, ist bloß Subjekt seiner Handlungen; erst indem es sich dem Du öffnet, wird es zum Ich – und damit wirklich.
Person und Eigenwesen sind jedoch nicht als zweierlei Menschen, sondern als „zwei Pole des Menschentums"[371] aufzufassen, das heißt niemand ist reine Person, niemand reines Eigenwesen: „Jeder lebt im zwiefältigen Ich."[372]

4.6.2 Der Geist und das Wort

Das Leben in der Es-Welt mit der fortschreitenden Ausbildung und Differenzierung der Fähigkeiten des Gebrauchens und Erfahrens gehen zumeist mit einer Vernachlässigung der Beziehungskraft des Menschen einher – und nur diese ist es, durch die der Mensch „im Geist leben kann."[373]
Im Geist zu leben heißt für Buber: seinem Du antworten zu können. Dies kann er, wenn er mit seinem ganzen Wesen in die Beziehung eintritt. „Geist in seiner menschlichen Kundgebung ist Antwort des Menschen an sein Du."[374]
Was Buber hier mit Geist meint, ist identisch mit dem heraklitischen Begriff des Logos, jedenfalls wie Buber ihn interpretiert: als „Urstiftung der Ehe von

---

[369] Ich und Du, Werke I, S. 121
[370] Ich und Du, Werke I, S. 121
[371] Ich und Du, Werke I, S. 122
[372] Ich und Du, Werke I, S. 122
[373] Ich und Du, Werke I, S. 103
[374] Ich und Du, Werke I, S. 103

Sinn und Rede"[375]. Der Logos ist den Menschen gemeinschaftlich; jede Seele hat ihren Anteil an ihm, „aber zu seiner Fülle gelangt der Logos nicht in uns, sondern zwischen uns; denn er bedeutet die ewige Chance der Sprache, zwischen den Menschen wahr zu werden."[376]

Die menschliche Äußerung hat vielerlei Gestalt: Handlung, Kunst, Sprache – der Geist ist allen gemeinsam.
Die sprachliche Rede muss zwar erst „im Gehirn des Menschen sich worten, dann in seiner Kehle sich lauten"[377], aber dies versteht Buber nur als Brechungen dessen, was Sprache eigentlich ist: „... in Wahrheit nämlich steckt die Sprache nicht im Menschen, sondern der Mensch steht in der Sprache und redet aus ihr"[378]. Das gilt für das Wort, das gilt für den Geist: „Geist ist Wort."[379]

Der Geist, der zunächst nur als Erzeugnis, als menschliche Errungenschaft, gar „als Nebenprodukt der Natur" erscheint, ist es doch, „der sie zeitlos umhüllt."[380] Buber gebraucht den Vergleich, er sei nicht wie das Blut, das im Menschen kreist, sondern wie die Luft, die er atmet. „Geist ist nicht im Ich, sondern zwischen Ich und Du."[381] Wenn der Mensch seinem Du antwortet, lebt er im Geist; aber die Kehrseite ist, dass die Antwort das Du bindet und zum Gegenstand bannt. Damit zieht jede Antwort das Du in die Es-Welt.

Es gibt nur eine Möglichkeit, dies zu vermeiden: „Nur das Schweigen zum Du, das Schweigen *aller* Zungen, das verschwiegene Harren im ungeformten, im ungeschiedenen, im vorzunglichen Wort lässt das Du frei, steht mit ihm in der Verhaltenheit, wo der Geist sich nicht kundgibt, sondern ist."[382] Aber erst dadurch, dass die Antwort das Du in die Es-Welt einbindet, wird Erkenntnis möglich, und Werk. Immer wieder jedoch soll das so zum Es Gewordene, zum Ding Erstarrte sich entwandeln, indem es vom Menschen ver-

---

[375] Dem Gemeinschaftlichen folgen, Werke I, S. 469
[376] Dem Gemeinschaftlichen folgen, Werke I, S. 469
[377] Ich und Du, Werke I, S. 103
[378] Ich und Du, Werke I, S. 103
[379] Ich und Du, Werke I, S. 103
[380] Ich und Du, Werke I, S. 94
[381] Ich und Du, Werke I, S. 103
[382] Ich und Du, Werke I, S. 104

gegenwärtigt wird, denn „so war es gemeint in der Stunde des Geistes, als er sich dem Menschen antat und die Antwort in ihm zeugte."[383]

Was als Allgemeines gedacht wird, ist nur Ableitung dessen, was als Besonderes geschaut worden war: „Im Schauen eines Gegenüber erschließt sich dem Erkennenden das Wesen."[384] Nur als Es kann ein Gegenüber ins Wissen eingehen; und nun ist es in der Es-Form der begrifflichen Erkenntnis eingeschlossen – aber um daraus wieder erschlossen zu werden, denn das „erfüllt den Sinn jenes Erkenntnisaktes als eines zwischen den Menschen Wirklichen und Wirkenden."[385]

Man kann aber auch das zum Es gewordene Gegenüber im Es belassen, kann es dazu verwenden, sich in der Welt „auszukennen"[386] oder „das geistige Leben"[387] zu etablieren.

Das hieße aber, den Geist zu entwirklichen, „denn selbständig ins Leben wirkend ist der Geist niemals an sich, sondern an der Welt: mit seiner die Eswelt durchdringenden und verwandelnden Gewalt."[388]

4.6.3 Freiheit und Schicksal

Die Es-Welt und die in ihr herrschende Ursächlichkeit sind für das geordnete Leben und für das Ordnen der Natur in der Wissenschaft unerlässlich. Dies bedrückt den Menschen nicht, der immer wieder Zugang zur Du-Welt hat, weil er immer wieder in die Beziehung eintritt.

---

[383] Ich und Du, Werke I, S. 104
[384] Ich und Du, Werke I, S. 104
[385] Ich und Du, Werke I, S. 104
[386] Ich und Du, Werke I, S. 105
[387] Ich und Du, Werke I, S. 111
 Buber benutzt zur Benennung des kulturellen Niedergangs, der „Entwirklichung", den Ausdruck „Geistigkeit"; etwa: der Geist sei „zur Geistigkeit erniedrigt worden" (Ich und Du, S. 122). Sein pejorativer Ausdruck ist „Intellekt", den er als „einen Parasiten der Natur" (Ich und Du, S. 95) bezeichnet.
 In jener Zeit war derlei Schelte gängig. Es war die Zeit, als viele Geistesmenschen spürten – oder es wurde ihnen bewusst –, dass ihnen übers Sinnieren die Wirklichkeit da draußen, das Leben, abhanden gekommen war. Angewidert und enttäuscht wandten sie sich vom „Geist" ab, wenigstens im Geiste. Was z.B. Theodor Lessing (Die verfluchte Kultur) oder Ludwig Klages (Der Geist als Widersacher der Seele) mit Geist bezeichnen, ist Bubers Es-Welt.
[388] Ich und Du, Werke I, S. 111

In der Welt der Beziehung „stehen Ich und Du einander frei gegenüber"[389]; ihre Wechselwirkung hat keiner Ursächlichkeit zu gehorchen. Dies verbürgt ihre Freiheit. Frei ist der Mensch, weil er sich entscheiden kann; entscheiden kann er nur, weil er „Beziehung kennt und um die Gegenwart des Du weiß"[390].

Wie immer, wenn es um die philosophische Begründung der Freiheit geht, ist eine gewisse Zirkularität der Argumentation nicht zu übersehen. Auch Buber kommt nicht darum herum, seinen Freiheitsbegriff von einer höheren Warte aus zu begründen: „Wer sich entscheidet, ist frei, weil er vor das Angesicht getreten ist."[391] Mit dieser Perspektive stellen sich dem weiteren Gedankengang keine wesentlichen Hindernisse mehr in den Weg.[392]

Buber ist sich durchaus bewusst, dass die menschliche Situation „durch ihre wesenhafte und unauflösbare Antinomik gekennzeichnet"[393] ist. Dass dieser Widerspruch unauflöslich ist, macht sein Wesen aus – und ihren Sinn. Buber erklärt daher das Dasein in der Präsenz zur „religiösen" Situation. Ihr Sinn ist, in allem Widerspruch „gelebt und nur gelebt und immer wieder, immer neu, unvorsehbar, unvordenkbar, unvorschreibbar gelebt"[394] zu werden, das bedeutet, die „Ganzheit der Seele ist gerade in der Gebrochenheit der menschlichen Situation zu bewähren"[395].

Buber lässt sich deshalb auf die Kantische Vorgabe nicht ein, die Antinomie von Freiheit und Notwendigkeit dadurch aufzulösen, dass die Freiheit dem Sein und die Notwendigkeit der Welt der Erscheinungen zugewiesen wird, so dass sie sich eigentlich nicht mehr entgegenstehen. Aber genau auf dieses Entgegenstehen *in der Wirklichkeit* kommt es Buber an; er weigert sich, dem

---

[389] Ich und Du, Werke I, S. 112
[390] Ich und Du, Werke I, S. 112
[391] Ich und Du, Werke I, .112
[392] Allerdings wird man die Frage stellen müssen, ob diese Zentralperspektive des Ewigen tatsächlich hinreichende Bedingung der Freiheit ist, oder ob sich Freiheit nicht glaubhaft nur rein „innerweltlich", d. h. ohne metaphysische Zufluchten, begründen lassen sollte.
[393] Ich und Du, Werke I, S. 142
[394] Ich und Du, Werke I, S. 143
[395] Antwort, in: Schilpp/Friedman, S. 618

Paradox durch begriffliche Versöhnung zu entfliehen: „... ich muss beide in einem zu leben auf mich nehmen, und gelebt sind sie eins."[396]
Es geht also darum, die Einheit von Freiheit und Schicksal zu erweisen.
Ich habe schon erwähnt, dass der Mensch, dem die Freiheit verbürgt ist, von der Ursächlichkeit der Es-Welt nicht belastet ist, weil er weiß, „dass sein sterbliches Leben seinem Wesen nach ein Schwingen zwischen Du und Es ist"[397]. Die Du-Begegnung als Garant des richtigen Lebens lässt ihn die Es-Welt gelassen ertragen. Er begreift als seine Bestimmung, immer wieder die Schwelle zur Du-Welt zu betreten. Dort erkennt er, was in der Es-Welt Notwendigkeit heißt, als Schicksal. Dies aber nicht als Gegensatz zur Freiheit, als seine Begrenzung: als „das Gegenbild seiner Freiheit" ist es „seine Ergänzung"[398].

Der Begriff des Schicksals darf nicht so verstanden werden, „dass der Mensch in ein unentrinnbares Geschehen eingespannt sei"[399]. Dem Schicksal begegnet nur, wer von der Freiheit ausgeht, nicht vom „Dogma des Ablaufs"[400], das der Freiheit keinen Raum lässt, vor allem nicht deren wirklichster Offenbarung: der Umkehr. Vor dem deterministischen Dogma zu kapitulieren, darin besteht für Buber das Verhängnis, weil es die Bewegung der Umkehr niederhält. Aber dem Glauben an das Verhängnis ist die Gegenwart des Du, ist die Wirklichkeit des Geistes und damit das Werden aus der Verbundenheit unzugänglich, denn es ist der Es-Welt hörig.

Wie Freiheit und Schicksal einander ergänzen, so Willkür und Verhängnis. Wenn den Menschen die Es-Welt übermächtigt und er der Welt von Gegenständen erliegt, steigert sich die Ursächlichkeit zum Verhängnis.
Willkür ist die in der Es-Welt von Zwecken und Mitteln befangene, also unfreie Tat. Der in der Willkür Lebende glaubt nicht und begegnet nicht. Er gebraucht die Dinge, greift fortwährend selbstherrlich in die Welt ein, die ihm „eine verzweckte und vermittelte Welt ist"[401], aber er hat keine Bestimmung.

---

[396] Ich und Du, Werke I, S. 143
[397] Ich und Du, Werke I, S. 113
[398] Ich und Du, Werke I, S. 113
[399] Ich und Du, Werke I, S. 116
[400] Ich und Du, Werke I, S. 116
[401] Ich und Du, Werke I, S. 119

Nur aus der Besinnung auf den Abgrund zwischen dem entwirklichten Ich und dem wirklichen Ich, aus dem, was man Verzweiflung nennt, könnte der Anstoß zur Umkehr kommen. Und die Umkehr ist möglich, denn „die Welt des Du ist nicht verschlossen."[402]

4.7 Das ewige Du

4.7.1 Die absolute Beziehung

Es gibt für Buber nur ein Du, das seinem Wesen nach nicht zum Es werden kann: das ewige Du – Gott.
Selbst in der Gottferne ist er noch präsent; in der „allumfassenden Beziehung ist die Latenz noch Aktualität."[403]
Gott kann seinem Wesen nach nicht zum Es werden, weil er in den Kategorien des Es nicht erfahren, nicht gedacht, selbst nicht geglaubt werden kann. Als ewiges Du kann er „weder in noch außer der Welt vorgefunden"[404] werden; er hat weder Maß noch Grenze und kann auch nicht in Paradoxen wie „Maß des Unermesslichen" oder „Grenze des Unbegrenztseins"[405] begriffen werden.

Dennoch ist es unvermeidlich, dass der Mensch das ewige Du immer wieder zum Es macht. Das liegt in der Zwiefalt seiner Welthaltung, die es ihm nicht erlaubt, in der Präsenz der Du-Beziehung zu verharren, auch nicht in der Beziehung zum ewigen Du.
Buber erklärt dies mit dem Bedürfnis des Menschen, Gott zu haben, und zwar kontinuierlich, nicht nur im Wechsel von Aktualität und Latenz. Der Mensch begnügt sich nicht „mit der unaussprechlichen Bestätigung des Sinns"[406], er will diesen Sinn sicher haben, ihn dauernd handhaben können. So macht er Gott zum Glaubensobjekt.
Auch nach räumlicher Anschauung Gottes verlangt der Mensch; so macht er Gott zum Kultobjekt.

---

[402] Ich und Du, Werke I, S. 117
[403] Ich und Du, Werke I, S. 145
[404] Ich und Du, Werke I, S. 154
[405] Ich und Du, Werke I, S. 154
[406] Ich und Du, Werke I, S. 155

Was zunächst nur die unmittelbaren Beziehungsakte ergänzen sollte, ersetzt sie allmählich – so entsteht das „ausgesagte Wissen und das gesetzte Tun der Religionen"[407].

Da jede wirkliche Beziehung ausschließlich ist, d. h. alles außer dem Du der Beziehung ausschließend, ist auch die Beziehung zum ewigen Du ausschließlich. Aber sie fordert kein Absehen von der Welt; die Welt ist in dieser Beziehung mit eingeschlossen. „In der Beziehung zu Gott sind unbedingte Ausschließlichkeit und unbedingte Einschließlichkeit eins."[408] Das bedeutet, dass die Beziehung zu Gott die absolute Beziehung ist. Wer in ihr steht, den geht nichts Einzelnes mehr an – aber er sieht alles im Du. Die absolute Beziehung eingehen heißt „nicht der Welt entsagen, sondern sie in ihren Grund stellen."[409]

4.7.2 Das Geheimnis

Was kann man im Ernst über das Geheimnis sagen? Man könnte es nicht aussagen, ohne es als Geheimnis preiszugeben – aber kann man sich ihm überhaupt nähern, ohne sich schon an ihm zu vergehen?

Für Buber geschieht die Begegnung mit dem Du „von Gnaden"[410]. Das andere des Du „widerfährt uns nur, wir wissen es nicht."[411] Unser Anteil an der Begegnung ist die Tat: Das Grundwort zu sprechen „ist Tat meines Wesens, meine Wesenstat."[412]

Aus der Begegnung empfängt der Mensch keinen Inhalt, keine Lösung des Rätsels, sondern eine Gegenwart; „eine Gegenwart als Kraft"[413] – zur Bewährung. Aber das, worin und woraus wir leben, „das Geheimnis: es ist geblieben, was es war."[414]

Zwar ist es uns gegenwärtig geworden, wir haben es „erkannt", aber wir haben keine mitteilbare Erkenntnis von ihm, auch nicht im Sinne ethischer Vorgaben.

---

[407] Ich und Du, Werke I, S. 155
[408] Ich und Du, Werke I, S. 130
[409] Ich und Du, Werke I, .130
[410] Ich und Du, Werke I, S. 85
[411] Ich und Du, Werke I, S. 129
[412] Ich und Du, Werke I, S. 85
[413] Ich und Du, Werke I, S. 153
[414] Ich und Du, Werke I, S. 154

Geheimnis ist für Buber nicht das noch Unbekannte, sondern das, was dem begrifflichen Denken prinzipiell unzugänglich ist. Es ist das ganz Andere der Wirklichkeit. Religiöse Wirklichkeit beginnt „mit der Erschütterung aller Gewissheiten durch ... das wesenhafte Geheimnis, zu dessen Wesen seine Unerforschlichkeit gehört: das Unerkennbare."[415]

Erst darin, dass ich „die Tat, die mich meint" entdecke, „in der Bewegung meiner Freiheit offenbart sich mir das Geheimnis; aber auch, dass ich sie nicht so, wie ich sie meinte, vollbringen kann, auch in dem Widerstand offenbart sich mir das Geheimnis."[416]

4.7.3 Die Offenbarung

„Es gibt Augenblicke des verschwiegenen Grundes, in denen Weltordnung geschaut wird, als Gegenwart. ... Diese Augenblicke sind unsterblich, diese sind die vergänglichsten: kein Inhalt kann aus ihnen bewahrt werden, aber ihre Kraft geht in die Schöpfung und in die Erkenntnis des Menschen ein ..."[417]

Mit dieser Beschreibung dessen, was er unter Offenbarung versteht, gibt Buber zu erkennen, dass es dabei nicht auf eine vermittelte und zu vermittelnde Botschaft oder Lehre ankommt, sondern auf das „aus dem Geheimnis erscheinende, aus dem Geheimnis ansprechende Du."[418] Des Menschen Antwort ist seine Tat, sein Eintreten in die Begegnung. Offenbarung ist hier und jetzt gegenwärtig, wenn der Mensch „aus dem Moment der höchsten Begegnung nicht als der gleiche hervorgeht, als der er in ihn eingetreten ist."[419]

Das ist kein Erlebnis, sondern ein Geschehen: Dem Menschen widerfährt etwas, etwas Unbeschreibliches; und er wird daraus mit keinerlei Gewissheit entlassen, außer mit der, an der Offenbarung teilzunehmen. Der Mensch empfängt etwas, aber nicht als Inhalt, sondern als Gegenwart einer Kraft.

---

[415] Gottesfinsternis, Werke I, S. 529
[416] Ich und Du, Werke I, S. 113
[417] Ich und Du, Werke I, S. 99
[418] Ich und Du, Werke I, S. 103
[419] Ich und Du, Werke I, S. 152

„Alle Offenbarung ist Berufung und Sendung."[420] Darin sind die Offenbarungen, auf die sich die Religionen berufen, der stillen Offenbarung wesensgleich, die sich immer und überall ereignet.

Die ewige Offenbarung ist eine Forderung an den einzelnen Menschen: „Die großen Lehren ... gleichen einander darin, dass in ihnen der Geist seinen Anspruch an die Ganzheit der persönlichen Existenz stellt ... Sie fordern das Leben dessen, der sie vernimmt, restlos an."[421]

4.7.4 Der Sinn

Der Mensch begegnet dem ewigen Du nicht, um sich mit ihm als Gott zu befassen, „sondern auf dass er den Sinn an der Welt bewähre."[422]

Aus der Offenbarung erfährt er „die unaussprechliche Bestätigung des Sinns."[423]

Wie wir erfahren haben, kann die reine Beziehung – wie jede Beziehung – nicht bewahrt bleiben; daher muss sie sich bewähren, denn „sie kann nur getan, in das Leben eingetan werden."[424]

Das heißt, dass Gott in der Welt verwirklicht werden muss[425]. Erfüllt werden kann die reine Beziehung „im Du-werden der Wesen, in ihrer Erhebung zum Du"[426], also in der Beziehung zum Menschen als einzelnem Du. Die Gemeinsamkeit der Beziehung zur Mitte, dem wahren Du, in dem sich alle Beziehungslinien treffen, lässt die echte Gemeinde entstehen.

---

[420] Ich und Du, Werke I, S. 157
[421] Dem Gemeinschaftlichen folgen, Werke I, S. 468
[422] Ich und Du, Werke I, S. 157
[423] Ich und Du, Werke I, S. 153
[424] Ich und Du, Werke I, S. 156
[425] Diese Auffassung der „Verwirklichung Gottes in der Welt" hat zu Interpretationen geführt, die Buber für Missverständnisse hielt und die ihn veranlassten, seinen Gottesbegriff zu erläutern. So besteht Buber darauf, Gott als Person zu meinen, weil er „- was immer er sonst noch sei - in schaffenden, offenbarenden, erlösenden Akten zu uns Menschen in eine unmittelbare Beziehung tritt" und damit eine Mutualität konstituiert, „wie sie nur zwischen Personen bestehen kann." Da aber für Gott selbstverständlich die Bedingtheiten, die zur Personhaftigkeit gehören, nicht gelten können, wählt Buber „die paradoxe Bezeichnung Gottes als der absoluten Person, d. h. der nicht relativierbaren." (Ich und Du, Nachwort (1957), Werke I, S. 169)
[426] Ich und Du, Werke I, S. 156

5 Ich und Du: Zur Phänomenologie der Beziehung

„Die verlängerten Linien der Beziehungen schneiden sich im ewigen Du."[427]
In diesem Satz kulminiert Bubers Dialogdenken, allerdings nicht, ohne schwerwiegende Probleme aufzuwerfen.
Buber erläutert: „Jedes geeinzelte Du ist ein Durchblick zu ihm. Durch jedes geeinzelte Du spricht das Grundwort das ewige an."[428]
Damit scheint das Du nur eine Mittlerrolle einzunehmen, die dem Ich ermöglicht, zum ewigen Du in Beziehung zu treten. Das Du wäre somit unselbständig, ein Funktionsträger für das Ich.
Diese Auffassung scheint sich zu bestätigen: „Aus diesem Mittlertum des Du aller Wesen kommt die Erfülltheit der Beziehungen zu ihnen, und die Unerfülltheit. Das eingeborene Du verwirklicht sich an jeder und vollendet sich an keiner."[429]

5.1 Das Problem

So glatt geht die Rechnung dann offenbar doch nicht auf: Zwar sind alle einzelnen Du Mittler zum ewigen Du, aber aus diesem Mittlertum kommt die Erfülltheit der Beziehung zum einzelnen Du und zugleich ihre Unerfülltheit, denn Verwirklichung ist noch nicht Vollendung; und um die Vollendung geht es, nämlich um die vollkommene Beziehung.
Das eingeborene Du „vollendet sich einzig in der unmittelbaren Beziehung zu dem Du, das seinem Wesen nach nicht Es werden kann."[430]

Aus dem solcherweise herausgeschälten Kern der Buberschen Dialogik lösen sich zunächst zwei Fragen:
1. Wie kann die durch das einzelne Du *vermittelte* Beziehung zum ewigen Du als *unmittelbar* gedacht werden?

---

[427] Ich und Du, Werke I, S. 128
[428] Ich und Du, Werke I, S. 128
[429] Ich und Du, Werke I, S. 128
[430] Ich und Du, Werke I, S. 128

2. Kann die Beziehung zum geeinzelten Du als *erfüllt* betrachtet werden, wenn das Du nicht in seiner vollen Eigenbedeutung besteht?

Um diese Fragen schlüssig beantworten zu können, gilt es zunächst zu prüfen, ob sich nicht aus Bubers Ausführungen schon Lösungsansätze ergeben. Wir wollen daher seine Erläuterungen zur Ich-Du-Beziehung und zur Gottesbeziehung unter diesem Blickwinkel lesen.

Einige der sich auf dem Weg einstellenden Fragen werden sich bei genauer Lektüre aus Bubers Texten selbst beantworten lassen, andere werden weitergehenderer Bemühungen bedürfen, und manche werden letztendlich unbeantwortet bleiben müssen, wenn sich nämlich Widersprüche auftun, die rational nicht aufgelöst werden können. Dann kann man an ihre behauptete Einheit glauben, oder auch nicht.

5.2 Die Ich-Du-Beziehung

5.2.1 Der Augenblick der Begegnung

Wir kennen immer nur unser eigenes Wegstück; das eines anderen Menschen „erleben wir nur in der Begegnung."[431] Vom vollkommenen Beziehungsvorgang können wir nur wissen, wovon *wir* ausgehen; alles andere „widerfährt uns in der Begegnung"[432], ohne dass wir es jenseits dieser Begegnung mitteilen könnten.

„Das Du tritt mir gegenüber. Aber ich trete in die unmittelbare Beziehung zu ihm. So ist die Beziehung Erwähltwerden und Erwählen, Passion und Aktion in einem."[433]

Hier ist nicht von einer Priorität des Gegenübertretens oder des In-Beziehung-Tretens die Rede, etwa dergestalt, dass das Erwähltwerden zeitlich vor dem Erwählen läge; vielmehr ist angesichts der mehrfach erwähnten Augenblickhaftigkeit des Beziehungsakts von der Gleichzeitigkeit von Aktion und Passion auszugehen, und das bedeutet, dass der Beziehungsvorgang

---

[431] Ich und Du, Werke I, S. 129
[432] Ich und Du, Werke I, S. 129
[433] Ich und Du, Werke I, S. 129

ein gegenseitiger ist, der beiderseitige Voraussetzungen hat, nämlich das Gegenübertreten und das In-Beziehung-Treten. Diese beiden Bedingungen bilden jedoch als der Beziehungsakt eine ontische Einheit: „Beziehung ist Gegenseitigkeit. Mein Du wirkt an mir wie ich an ihm wirke."[434]
Mit dieser Bestätigung der als gegenseitig gedachten Beziehung werden wir zugleich auf ein weiteres Problem hingewiesen, diesmal ein sprachliches. Buber schreibt: „Mein Du ..."; wir wissen jedoch, dass, wer Du spricht, kein Etwas *hat*, nichts hat.[435] Daraus dürfen wir schließen, dass „mein" hier nicht als Possessivpronomen gemeint ist, sondern als Präposition: „mein" zeigt ein Verhältnis zu mir an; das Du ist ein Du „für mich".

Es ist allerdings klarzustellen, dass diese Gegenseitigkeit nichts mit dem zu tun hat, was Husserl „Einfühlung" nennt. Husserl spricht von der *„sozialen Subjektivität*, der Welt des Gemeingeistes" und meint damit die „Erfahrung von anderen Subjekten sowie von ihrem Innenleben, Erfahrung, in der uns ihr Charakter, ihre Eigenschaften zur Gegebenheit kommen."[436]
Zu dieser Erfahrung gehört immer „ein Moment von Vergegenwärtigung durch Einfühlung, die nie eingelöst werden kann durch unmittelbare Gegenwärtigung."[437] In dieser Aussage wird schon der fundamentale Unterschied zu Bubers Auffassung deutlich, der ja für die Ich-Du-Beziehung genau diese „unmittelbare Gegenwärtigung" beansprucht.
Für Husserl ist der Andere „das Mitdasein"[438] in einer gemeinsamen Umwelt, aber für ihn bleibt das Ich immer „Subjekt von Intentionalitäten[439], obwohl er zugibt, dass das Ich das Du, das Wir, das Andere fordert; aber durch diese Zusammengehörigkeit trägt die Welt „den Stempel der Subjektivität"[440]. Dagegen verhält es sich in der Beziehung bei Buber genau umgekehrt: das Ich sieht die Welt im Lichte des Du.

Eine gewisse Nähe von Husserl und Buber könnte man allerhöchstens darin erkennen, dass Husserl schreibt: *„Einfühlung in Personen* ist nichts anderes

---

[434] Ich und Du, Werke I, S. 88
[435] Vgl. Ich und Du, Werke I, S. 80
[436] Husserl, Die Konstitution der geistigen Welt, S. 30
[437] Husserl, Die Konstitution der geistigen Welt, S. 30
[438] Husserl, Die Konstitution der geistigen Welt, S. 29
[439] Husserl, Die Konstitution der geistigen Welt, S. 50
[440] Husserl, Die Konstitution der geistigen Welt, S. 119

als diejenige Auffassung, die den *Sinn versteht,* d. i. den Leib in seinem Sinn erfasst und in der Einheit, die er tragen soll. Einfühlung vollziehen, das heißt einen *objektiven Geist* erfassen"[441], womit eine „Objektivierung höherer Stufe" gemeint ist, die man zu Bubers Absolutem in Beziehung setzen könnte.

Hiermit ist ein weiterer Punkt angesprochen, der später zum Problem werden wird: die scheinbare Ich-Zentriertheit der Beziehung.Diese ist jedoch, wie sich herausstellen wird, nicht der Beziehung wesenseigen; sie ist einfach das Nächstliegende[442]. Jede Aussage *in* der Welt braucht ein Subjekt als Bezugspunkt; und dass wir ein Ich *aus* der Welt in die Beziehung treten lassen, hat seinen Grund darin, dass wir uns zunächst als Ich angehen.

Das Ich als wahrnehmendes Subjekt ist Erfahrungs-Zentrum *seiner* Welt, die Es-Welt ist. Indem es in die Beziehung eingeht, tritt es aus dieser seiner Mitte heraus; es wird *exzentrisch,* es begegnet dem Du im Zwischen.
Damit aber erweist sich der Begriff der Intentionalität, mit dem Theunissen unverdrossen operiert, als untauglich, um die spezifische Eigenart der Du-Beziehung zu erfassen. Mit dem Begriff der Intentionalität schweißt Theunissen das Du-Ich und das Es-Ich zusammen, um nun behaupten zu können: „Die Welt aber legt sich, gleichviel ob Es-Welt oder Du-Welt, in konzentrischen Kreisen um das jeweilige Ich herum."[443]

Bei Bubers vordialogischer Auffassung der Begegnung als aus Gerichtetheit und Spannung erwachsener Verbundenheit ist noch von intentionalem Akt zu reden; die Du-Welt und die Es-Welt stehen jedoch nicht mehr in einem dualistischen Verhältnis zueinander dergestalt, dass die eine die korrespondierende Negation der anderen ist. Der Gegensatz von Du-Welt und Es-Welt ist nämlich nicht antithetisch als bloßes Entweder-Oder zu fassen, auch nicht als Sowohl-als-auch; er ist allenfalls im Sinne einer gewissermaßen „metaphysischen" Dialektik aufzuheben.

---

[441] Husserl, Die Konstitution der geistigen Welt, S. 75
[442] Buber spricht selbst davon, dass es „Notwendigkeit ist, sinnvolle Nötigung, vom Ich auszugehen." (Religion als Gegenwart, Sechster Vortrag, a.a.O., S. 128) Er begründet dies so: „Ich weiß, dass ich ‚Ich' sagen kann. Alles andere ist allegorisch. Daher, dass ich selbst ‚Ich' sagen kann, nur daher weiß ich vom Ich." (ebd., S. 123)
[443] Theunissen, Der Andere, S. 281

5.2.2 Der ganze Mensch

Die Einheit von Aktion und Passion im In-Beziehung-Treten induziert das Ganz-Werden des Menschen. Darunter versteht Buber, dass sich am Menschen nichts Einzelnes, Teilhaftes mehr regt, er also in keiner Weise in die Welt eingreift; diese „Tätigkeit" ist durchaus mit dem taoistischen „Nichttun" vergleichbar. So ist der Mensch „eine wirkende Ganzheit"[444] geworden. „In dieser Verfassung Stetigkeit gewonnen haben heißt zur höchsten Begegnung ausgehen können."[445]

Um zum ewigen Du in Beziehung treten zu können, genügt also die einzelne Beziehung zum einzelnen Du nicht; der Mensch muss erst „wirkende Ganzheit" geworden sein und in dieser Ganzheit „Stetigkeit gewonnen" haben.

Das Ausgehen zur höchsten Beziehung ist für Buber unlehrbar. Da er auf keine Vorschriften hinweisen kann, zeigt er nach dem Ausschließungsprinzip, wie sie *nicht* erreichbar ist. So bedarf es „nicht eines Abstreifens der Sinnenwelt als einer Scheinwelt."[446] Denn für Buber gibt es nur die Welt, keine Scheinwelt; die Welt erscheint uns allerdings zwiefältig, eben nach unserer zwiefältigen Haltung.

Ebenso wenig bedarf es des „Überschreitens der sinnlichen Erfahrung"[447] im Sinne mystischer Ekstase, denn jede Erfahrung, auch die geistigste, könnte uns nur ein Es vermitteln. Auch brauchen wir uns nicht der Welt der Ideen und Werte zuzuwenden, denn diese kann uns nicht zur Gegenwart werden. Überhaupt: alle „Vorbereitung, Übung, Versenkung, hat mit dem ureinfachen Faktum der Begegnung nichts zu schaffen."[448] Das alles hat nur in der Es-Welt Platz. Es gibt nur einen, nur *den* Schritt aus der Es-Welt heraus: „die vollkommene Akzeptation der Gegenwart."[449]

---

[444] Ich und Du, Werke I, S. 129
[445] Ich und Du, Werke I, S. 129
[446] Ich und Du, Werke I, S. 129
[447] Ich und Du, Werke I, S. 129
[448] Ich und Du, Werke I, S. 129f.
[449] Ich und Du, Werke I, S. 130

5.2.3 Gegenwärtigkeit

Um diese Gegenwart vollkommen akzeptieren zu können, muss der Mensch sein Ich nicht aufgeben – das wäre der Standpunkt der Mystik. Buber meint jedoch, dass das Ich für jede Beziehung unerlässlich ist, also auch für die höchste. Denn eine Beziehung kann nur zwischen Ich und Du geschehen. Aufgeben muss der Mensch dann allerdings das Es-Ich, den falschen Selbstbehauptungstrieb, „der den Menschen vor der unzuverlässigen, undichten, dauerlosen, unübersehbaren, gefährlichen Welt der Beziehung in das Haben der Dinge flüchten lässt."[450]
Somit ist das Eingehen der Beziehung immer ein Wagnis.

Und was ist in der Gegenwart gegenwärtig? (Denn es geht nicht um die „reine" Gegenwart, den nackten Augenblick). Gegenwärtig ist das gegenwartende Du. Die Beziehung zu ihm ist ausschließlich. „Jede wirkliche Beziehung zu einem Wesen oder einer Wesenheit in der Welt ist ausschließlich."[451]
Die Beziehung schließt alles Es, die ganze Welt aus, sie besteht nur aus Ich und Du: „Losgemacht, herausgetreten, einzig und gegenüber wesend ist ihr Du. Es füllt den Himmelskreis: nicht als ob nichts anderes wäre, aber alles andre lebt in *seinem* Licht."[452]

Was ist damit gesagt?
Zunächst: Das Du ist aus der Es-Welt herausgetreten; ebenso wie das Ich ist es aus dem Es herausgelöst und steht dem Ich nun als Einziges gegenüber.
Und dann: In der Beziehung verschwindet die Es-Welt nicht, wird nicht verdrängt, nicht überstiegen, nicht überwunden – sie erscheint nur im Lichte der Beziehung. Buber nennt das „personale Vergegenwärtigung". Er beschreibt sie folgendermaßen: „Eines Menschen innewerden heißt ... seine Ganzheit als vom Geist bestimmte Person wahrnehmen, die dynamische Mitte wahrnehmen, die all seiner Äußerung, Handlung und Haltung das erfassbare Zeichen der Einzigkeit aufprägt."[453]

---

[450] Ich und Du, Werke I, S. 130
[451] Ich und Du, Werke I, S. 130
[452] Ich und Du, Werke I, S. 130
[453] Elemente des Zwischenmenschlichen, Werke I, S. 278

5.3 Das Andere des Ich und das Ich des Anderen

(Das Paradox der Subjektivität)

5.3.1 Das zwiefältige Ich

Die Bedingung für jede wirkliche Beziehung in der Welt ist die Individuation. Nur als Individuen können die Verschiedenen einander erkennen – aber die Individuation ist zugleich die Grenze der wirklichen Beziehung, da sie „das vollkommene Erkennen und Erkanntwerden versagt."[454] (Erst in der vollkommenen Beziehung wird das Selbst vom ewigen Du umfasst und vollständig erkannt.)

Was aber ist das Ich, das in die Beziehung tritt?
Um diese Frage zu beantworten, greifen wir noch einmal auf Bubers vordialogische Auffassung des Ichs zurück, um dann aus der Differenz zum dialogischen Ich-Verständnis das Moment herauszuarbeiten, das das Grundwort Ich-Du initiiert.
In „Daniel" entstand das Ich aus der Polarität:

> „Es gibt wahrhaft kein Ich als das Ich einer Spannung: darin sie sich zusammenbildet. Kein Pol, keine Kraft, kein Ding – nur Polarität, nur Strom, nur Verbindung kann Ich werden. ...
> Wir leben um so wirklicher, um so ichhafter, je größerer Spannung Ich wir verwirklichen. ...
> Freiheit und Gebundenheit in einem als Eignes erlebend, bringt die Seele das Ich hervor, das Freiheit und Gebundenheit als seine Funktionen umfängt. ... Beständigkeit und Verwandlung in Allgegenwart verbindend, erweckt die Seele das Ich, das Beständigkeit und Verwandlung als seine Gebärden besitzt.
> Dieses Ich ist das Ich der Welt. In ihm erfüllt sich die Einheit.
> Dieses Ich ist das Unbedingte. Und dieses Ich ist eingestellt in ein Menschenleben. Das Menschenleben kann der Bedingtheit nicht entraten. Aber das Unbedingte steht unauslöschbar im Herzen der Welt geschrieben."[455]

---

[454] Ich und Du, Werke I, S. 145
[455] Daniel, Werke I, S. 75f.

Hier ist die Zweiheit des Seins schon gegeben, allerdings noch nicht als Zwiefalt der Haltungen; und die Kategorie der Verbundenheit ist auch schon vorgedacht, auch schon als einigende Tat, allerdings noch nicht im Sinne wirklicher Beziehung.

Das Ich ist hier das absolut Autonome; es wird von der Seele erweckt, um das Unbedingte, die Einheit von Leben und Tod, zu erfüllen.
Dagegen erscheint in „Ich und Du" das Ich zwiefältig: als Eigenwesen (Subjekt) und als Person (Subjektivität). Die Person, die sich ihrer Verbundenheit und Abgelöstheit zugleich bewusst wird, ist es, die in die Beziehung tritt. „Der Mensch ist um so personhafter, je stärker in der menschlichen Zwiefalt seines Ich das des Grundworts Ich-Du ist."[456]
Ihr Ich zeichnet sich dadurch aus, dass es erst durch die Beziehung zum Du zum wahrhaften Ich wird; erst durch die Teilnahme an der Wirklichkeit wird das Ich *wirklich*.

5.3.2 Das geeinte Ich
Das geeinte Ich gibt es auch in der dialogischen Beziehung, es hat dort aber eine ganz andere Qualität. Es ist sogar die Voraussetzung für die Beziehung: „Freilich muss man, um zum Andern ausgehen zu können, den Ausgangsort innehaben, man muss bei sich gewesen sein, bei sich sein."[457]

Es sind jedoch zwei Vorstellungen von der Einheit zu unterscheiden: Zum einen „das Einswerden der Seele", etwas, das sich im Menschen selbst ereignet. „Die Kräfte sammeln sich in den Kern ein, alles, was sie abziehn will, wird einbewältigt, das Wesen steht allein in sich selbst ..."[458]. Ohne diesen entscheidenden Augenblick ist der Mensch „zum Werk des Geistes nicht tauglich"[459]; nun erst ist er bereit für die Begegnung. Er kann aber auch nach Auskostung der „Seligkeit der Sammlung"[460] in die Zerstreuung zurückkehren, ohne in Beziehung zu treten. Das ist seine Entscheidung.

---

[456] Ich und Du, Werke I, S. 122
[457] Zwiesprache, Werke I, S. 194
[458] Ich und Du, Werke I, S. 136
[459] Ich und Du, Werke I, S. 136
[460] Ich und Du, Werke I, S. 136

Das andere „ist jene unausforschliche Art des Beziehungsaktes selbst, darin man zwei zu Eins werden wähnt ... Ich und Du versinken, die Menschheit, die eben noch der Gottheit gegenüberstand, geht in ihr auf ..."[461]

5.3.3 Das Andere und der Andere

Am Anfang steht die Fremdheit, die Erfahrung des Fremden: die Fremdheit des Ich und die Fremdheit der Welt.
Diese Urdistanz[462] ist der Riss im Ganzen, der durch mich und durch die Welt geht; sie ist die Bedingung der Reflexion, und ihr Beginn.
Buber sieht die fundamentale Tatsache der Existenz weder im Einzelnen noch in der Gesellschaft. Beide hält er nur für mächtige Abstraktionen.

> „Der Einzelne ist Tatsache der Existenz, sofern er zu andern Einzelnen in lebendige Beziehung tritt; die Gesamtheit ist Tatsache der Existenz, sofern sie sich aus lebendigen Beziehungseinheiten aufbaut. Die fundamentale Tatsache der menschlichen Existenz ist der Mensch mit dem Menschen."[463]

Worin besteht das Andere des Anderen? Zuerst darin, dass es nicht Ich ist. Durch seine negative Identität als bloßes Nicht-Ich hat es noch kein *eigenes* Sein, da es nur in bezug auf mich existiert, nur für mich meine Grenze zur Welt definiert; und so wie eine Grenze nur eine gedachte Linie ohne selbständiges Sein ist – die Linie *ist* ja nicht die Grenze, sondern vertritt sie nur –, muss ich sie überschreiten: erkennen, dass der Andere nicht meine Grenze ist, sondern die andere Seite, ein anderes Ich.

So also ist das Nicht-Ich nicht Nichts, sondern der Andere. Daher ist es möglich, auf die Definition des Ich als Identität (Ich=Ich) zu verzichten; und nun erst kann es gelingen, das Ich auf das Andere, das nunmehr Du wird, auszurichten.

---

[461] Ich und Du, Werke I, S. 136
[462] Diese Urdistanz ist im Wesen des Menschen angelegt (siehe „Urdistanz und Beziehung"); sie kann daher auch nicht als Verlust der Unschuld aufgefasst werden, die ja schon begrifflich nur als Negation existiert – und nur mit ihrem Negativ zusammen gedacht werden kann. Die Einheit ist somit keine verlorene, sondern allenfalls eine zu verwirklichende.
[463] Das Problem des Menschen, Werke I, S. 404

Buber hat sich immer wieder mit verschiedenen Identitätslehren auseinandergesetzt, mit mystischen und philosophischen, die ein universales Selbst auf dem Grunde des Ich suchen, und unterstellt ihnen, ihre Lehren würden letztlich „einer Annihilierung der menschlichen Person, so der fremden wie der eigenen, gleichkommen, denn Person ist durch und durch Einmaligkeit, also Anderssein allem gegenüber."[464]

Du ist der Andere. Er ist mir der Andere. Andererseits bin ich ihm der Andere. Ich bin anders als er; er ist anders als ich: Wir sind einander Andere – das verbindet uns.

Wollte man die sprachliche Spitzfindigkeit aufgipfeln, wäre noch anzufügen: Er ist ein Ich wie ich – das trennt uns.

5.3.4 Die Anerkennung des Anderen

Die Es-Welt ist Bedingung der Möglichkeit von Begegnung: Ich kann nur einem Gegebenen, einem mir Wahrnehmbaren gegenübertreten. Erst im Du-Sagen, in der Hinwendung, meine ich ihn als den Besonderen, diesen Einzelnen, meine ich ihn nicht als Gegenstand, sondern meine seine Gegenwart.

Der Mensch will bestätigt sein. Es genügt ihm nicht, zu wissen: Ich bin Ich; er will in diesem Ich-sein anerkannt sein: Du bist Du. Aber diese Bestätigung kann ich nur annehmen, wenn der, der sie mir gibt, mir zumindest (ontologisch) gleichgestellt ist.

Buber begründet das Bedürfnis nach Bestätigung damit, dass der Mensch als einziges Lebewesen die Kategorie der Möglichkeit verkörpere: Er ist offen für die Zukunft, aber ihr damit gewissermaßen auch ausgeliefert.

> „Der Mensch ist als Mensch ein Wagnis des Lebens, undeterminiert und ungefestigt; er bedarf daher der Bestätigung, und diese kann er naturgemäß nur als der einzelne Mensch empfangen, indem die andern und er selbst ihn in seinem Dieser-Mensch-Sein bestätigen. Immer wieder muss das ja zu ihm gesprochen werden, vom Blick des Vertrauten und von der Regung des eigenen Herzens her, um ihn von der Bangigkeit des Preisgegebenseins zu befreien, die ein Vorgeschmack des Todes ist."[465]

---

[464] Dem Gemeinschaftlichen folgen, Werke I, S. 461
[465] Bilder von Gut und Böse, Werke I, S. 646

Die Ich-Du-Begegnung ist – vom Ich aus gesehen – Akzeptation der Anderheit des Du. Aus der Gegenseitigkeit des Du-Sagens entsteht das Zwischen. Dieses ist die eigentliche Wirklichkeit, weil in ihr der Sinn gestiftet wird, der Sinn, „der von seiner formalen Seite her wenigstens formulierbar ist: das Verbundensein selber."[466] Denn was hier Sinn genannt wird, ist inhaltlich nicht mitteilbar; es sind auch nicht Ich oder Du, die den Sinn stiften. Der Sinn kann nicht einfach erlangt oder produziert werden, indem das Ich mit dieser Absicht in eine Beziehung tritt – das hieße ja, dass nicht das Du gemeint ist, sondern der Sinn; somit würde also beziehungswidrig ein Zweck verfolgt.

Den Sinn kann man aber nicht suchen – er tut sich auf in der Begegnung. „Nur der erlangt den Sinn, der dem ganzen Walten der Wirklichkeit ohne Rückhalt und Vorbehalt standhält und ihm lebensmäßig, das heißt in der vollen Bereitschaft, den erlangten Sinn mit dem Leben zu bewähren, antwortet. ... Der Sinn wird gefunden, indem man sich mit dem Einsatz der eigenen Person daran beteiligt, dass er sich kundtut."[467] Nun erst, wenn die Welt dem Begegnenden sich als sinnvoll, als Schöpfung offenbart hat, wird auch das geeinzelte Du Durchblick zum ewigen.
Somit ist Bielanders Fazit zuzustimmen: „Jede Begegnung hat Offenbarungscharakter, insofern die Gegenseitigkeit der Akzeptation das jeweilige Du transparent werden lässt ins ewige Du"[468].

5.3.5 Die Wahrheit der Beziehung

Die Versenkung ins Selbst darf nicht als wesentliches Elements des religiösen Aktes angesehen werden. Hier wird fälschlich entweder von der Vereinigung des Menschlichen mit dem Göttlichen ausgegangen oder von deren Identität. Beide Auffassungen „behaupten ein Jenseits von Ich und Du"[469], beide „heben die Beziehung auf"[470].
Buber wendet sich entschieden gegen diese Lehren, auch gegen die Mystik und alle modernen Versuche, die „Urwirklichkeit der Zwiesprache"[471] in ein

---

[466] Bielander, S. 157
[467] Gottesfinsternis, Werke I, S. 529
[468] Bielander, S. 157
[469] Ich und Du, Werke I, S. 134
[470] Ich und Du, Werke I, S. 134
[471] Ich und Du, Werke I, S. 135

Verhältnis von Ich und Selbst oder einen Vorgang der Innerlichkeit umzudeuten.

Buber beharrt darauf, dass auch die mystische Einigungs-Ekstase, die verzückte Verschmelzung von Ich und Du, nur eine „randhafte Übersteigerung des Beziehungsaktes"[472] ist, keine wirkliche Einheit. Hier wird nur die Beziehung selbst so vehement empfunden, dass ihre Glieder, Ich und Du, zwischen denen sie gestiftet ist, geradezu vergessen werden.

Dem Standpunkt des Mystikers, „alles Ich und Du sei nur Oberfläche, tief darunter bestehe nicht Wort, nicht Antwort mehr, nur das eine Ursein ohne Gegenüber, wir sollten uns daher in die schweigsame Einheit versenken, im übrigen aber dem zu lebenden Leben seine Relativität belassen"[473], begegnet Buber mit Skepsis. Er argumentiert, dass für das Gefühl des Menschen die Einheit des eigenen Selbst von der Einheit selbst nicht zu unterscheiden sei. „Das Einsgewordensein kann sich nicht mehr diesseits der Individuation, aber sogar nicht mehr diesseits der Zweiheit von Ich und Du begreifen"[474].
Die Versenkungslehren bestreiten das Dusagen als letzte Wirklichkeit; daher, weil sie die Einheit von All und Selbst propagieren und damit das Ich und seine Wirklichkeit vernichten, führen sie nicht in die gelebte Wirklichkeit. „In der gelebten Wirklichkeit gibt es keine Einheit des Seins."[475]

Das Einswerden der Seele in der Wirklichkeit bedeutet dagegen für Buber kein Absehen von der wirklichen Person. Diese Konzentration bezieht alles zum Selbst Gehörende mit ein, „sie will den ganzen, ungeschmälerten Menschen. Sie meint Wirklichkeit und ist es."[476]
Wirklichkeit besteht nur im Wirken; auch innere Wirklichkeit existiert nur in der Wechselwirkung. „Die stärkste und tiefste Wirklichkeit ist, wo alles ins Wirken eingeht, der ganze Mensch ohne Rückhalt und der allumfassende Gott, das geeinte Ich und das schrankenlose Du."[477]

---

[472] Ich und Du, Werke I, S. 137
[473] Zwiesprache, Werke I, S. 197
[474] Zwiesprache, Werke I, S. 198
[475] Ich und Du, Werke I, S. 138
[476] Ich und Du, Werke I, S. 138
[477] Ich und Du, Werke I, S. 138

In Auseinandersetzung mit Schopenhauer gibt Buber zu, dass die Welt im Subjekt als Vorstellung existiere, ebenso wie das Ich in der Welt als Ding wohne. Dennoch sei die Welt darum nicht im Subjekt, und dieses nicht in ihr: beide sind wechselseitig einbezogen. Buber hält diesen Denkwiderspruch für dem Es-Verhältnis inhärent; er werde „vom Duverhältnis aufgehoben, das mich von der Welt löst, um mich mit ihr zu verbinden."[478]

Diese Ablösung einer Aporie durch eine Paradoxie gehört zu jenen Denkfiguren Bubers, mit denen er dem begrifflich-rational Unzugänglichen der Beziehung – sei es zum einzelnen oder zum ewigen Du – Herr zu werden versucht.

Das Subjekt trägt in sich den „Selbst-Sinn, das nicht mit in die Welt Einbeziehbare"[479], und zwar nicht nur als erkennendes Subjekt, sondern als „ganze Ichhaftigkeit des Ich"[480]. Dagegen trägt die Welt den „Seins-Sinn, das nicht mit in die Vorstellung Einbeziehbare"[481]. Dieser ist aber nicht mit dem Schopenhauerschen Willen zu identifizieren, sondern ist „die ganze Welthaftigkeit der Welt"[482].

Weder von der Welt wegzublicken, noch auf sie zu starren, hilft zu Gott. Die Welt, das Weltleben können den Menschen nicht von Gott trennen: „Wer wahrhaft zur Welt ausgeht, geht zu Gott aus. Sammlung und Ausgehn, beide wahrhaft, das Ein-und-andre, welches das Eine ist, tut Not."[483]

Die wechselseitige Inhärenz ohne Identität findet im Verhältnis Gottes zu All und Selbst ihren höchsten Ausdruck: „Gott umfasst das All und ist es nicht; so aber auch umfasst Gott mein Selbst, und ist es nicht."[484]

Dies, das eigentlich Unsagbare, Unbegreifliche, diskursiv nicht Fassbare ist für Buber die Bedingung der Möglichkeit von Dialog: „Um dieses Unbesprechbaren willen kann ich in meiner Sprache, wie jegliches in seiner, Du sagen; um dieses willen gibt es Ich und Du, gibt es Zwiesprache, gibt es Sprache, gibt es Geist, dessen Urakt sie ist, gibt es in Ewigkeit das Wort."[485]

---

[478] Ich und Du, Werke I, S. 141
[479] Ich und Du, Werke I, S. 141
[480] Ich und Du, Werke I, S. 141
[481] Ich und Du, Werke I, S. 141
[482] Ich und Du, Werke I, S. 141
[483] Ich und Du, Werke I, S. 142
[484] Ich und Du, Werke I, S. 142
[485] Ich und Du, Werke I, S. 141

5.3.6 Hinwendung

„Die dialogische Grundbewegung ist die Hinwendung."[486]
Grundbewegung nennt Buber eine Wesenshandlung, aus der eine Wesenshaltung erwächst. Die Grundbewegung muss immer wieder vollzogen werden, und zwar „ohne Vorsatz, aber auch ohne Gewöhnung"[487]. Die Hinwendung scheint etwas Alltägliches, Belangloses zu sein: man wendet sich eben demjenigen zu, dem man etwas sagen will oder der einem etwas sagen will, körperlich, aber auch mit der nötigen Aufmerksamkeit. So signalisiert man Bereitschaft zur Kommunikation.
Aber das hat noch nichts mit einer Wesenshandlung zu tun. Damit nämlich müsste „aus der Unumfasslichkeit des Vorhandenen diese eine Person"[488] hervortreten und zur Gegenwart werden. Nun nehmen wir nicht mehr die Vielfältigkeit von Weltpunkten wahr, von dem wir diesen einen vielleicht besonders beachten; nun sind wir „von der eigenen Indifferenz erlöst"[489].

Nochmals kommt Buber auf das zu sprechen, was er schon von der Liebe gesagt hatte: das wesentliche Element in der Beziehung ist nicht das Gefühl. Das gilt auch für die vollkommene Beziehung. Ebenso wie die Beziehung zum einzelnen Du wird sie nur von Gefühlen begleitet. Die eigentliche Beziehung vollzieht sich nämlich nicht in der Seele des Ich, sondern zwischen Ich und Du.
Gefühle sind abgegrenzt, herausgehoben und stehen in einer polaren Spannung, in einem Verhältnis zu anderen Gefühlen.
In der reinen Beziehung mag man sich schlechthin abhängig fühlen – aber auch schlechthin frei.

Doch dieses Verhältnis von Abhängigkeit und Freiheit ist ein gegenseitiges, auch in der reinen Beziehung. Denn ebenso wie der Mensch Gott braucht, braucht Gott den Menschen zur Verwirklichung seiner Schöpfung; und zwar jeden einzelnen als genau diesen, damit dieser den Sinn seines Lebens erfülle. „Die Welt ist nicht göttliches Spiel, sie ist göttliches Schicksal."[490]

---

[486] Zwiesprache, Werke I, S. 195
[487] Zwiesprache, Werke I, S. 195
[488] Zwiesprache, Werke I, S. 195
[489] Zwiesprache, Werke I, S. 195
[490] Ich und Du, Werke I, S. 133

Hatten wir festgestellt, dass die Du-Welt, die Welt der Beziehungen, mit dem Begriff der Intentionalität nicht zu erschließen ist, so können wir nun ergänzen, dass auch die Grundbewegung der Hinwendung kein intentionaler Akt ist (mögen ihr auch noch Spurenelemente davon anhaften).

Diese Tatsache wird damit unterstrichen, dass Buber als Gegensatz zur Hinwendung, als monologische Grundbewegung nicht die Abwendung sieht, sondern das, was er „Rückbiegung" nennt. Darunter versteht er, dass jemand „sich der wesensmäßigen Annahme einer anderen Person in ihrer seinem Selbstkreis schlechthin nicht einschreibbaren, seine Seele wohl substantiell berührenden und bewegenden, aber nirgends ihr immanenten Sonderheit entzieht und den Andern nur als das eigne Erlebnis, nur als eine Meinheit bestehen lässt."[491]

Dafür fehlt Theunissen das Verständnis, weil er sich vorgenommen hat, das Zwischen, in dem der Begegnungsakt stattfindet, nur negativ zu fassen.

5.4 Das Zwischen

Das Zwischen ist nicht das, was zwischen uns ist – das ist der Abgrund der Welt –, sondern wir sind im Zwischen.
„Jenseits des Subjektiven, diesseits des Objektiven, auf dem schmalen Grat, darauf Ich und Du sich begegnen, ist das Reich des Zwischen."[492]
Buber will das Zwischen als etwas Ontisches aufgefasst wissen, weil „die dialogische Situation nur ontologisch zulänglich erfassbar"[493] sei. Vom Ausgangspunkt der Wirklichkeit des Zwischen könne eine neue Anthropologie zu einem gewandelten Verständnis der Person einerseits, der Gemeinschaft andererseits gelangen.[494]
Bielander charakterisiert des Begriff des Zwischen zutreffend als aus Bubers „Bemühen um eine begriffliche Präzisierung der Wirklichkeit"[495] entstanden.

---

[491] Zwiesprache, Werke I, S. 197
[492] Das Problem des Menschen, Werke I, S. 406
[493] Das Problem des Menschen, Werke I, S. 406
[494] Vgl. Das Problem des Menschen, Werke I, S. 407
[495] Bielander, S. 137

5.4.1 Zusammenhang und Verbundenheit

Es hatte sich herausgestellt, „dass jedes Du in unserer Welt zum Es werden muss."[496] Die Beziehung ist nicht von Dauer; schon bald müssen Ich und Du in die Es-Welt zurückfallen.

Aber der „Du-Sinn" des Menschen, das eingeborene Du, das an den Beziehungen zu jedem einzelnen Du eine Enttäuschung erleidet, die Enttäuschung des Rückfalls in die Es-Welt, „strebt über sie alle hinaus und doch nicht hinweg seinem ewigen Du zu."[497]

Wer sich aufmacht, Gott zu suchen, und dazu gar von seinem Weg abweicht, verfehlt ihn notwendigerweise. Es kommt darauf an, *seinen* Weg zu gehen und dabei zu wünschen, dass es der Weg zu Gott ist. Dabei ist jedes Beziehungsereignis eine Station, die uns den Blick für die vollkommene Beziehung öffnet. Wir müssen daher gewärtig sein; und wenn wir Gott gefunden haben, ist „dieses Finden nicht das Ende eines Wegs, nur seine ewige Mitte."[498] Es ist ein Entdecken des Ursprungs.

Die Beziehung zum ewigen Du verleiht der Du-Welt die gestaltende Macht: ihr Geist kann nun die Es-Welt durchdringen und verwandeln. Die isolierten Beziehungsmomente verbinden sich – zu einem „Weltleben der Verbundenheit"[499].

„Die Begegnungen ordnen sich nicht zur Welt, aber jede ist dir ein Zeichen der Weltordnung. Sie sind untereinander nicht verbunden, aber jede verbürgt dir deine Verbundenheit mit der Welt."[500]

In der Begegnung mit den Menschen vollendet sich die Sprache in Rede und Gegenrede; das Wort begegnet seiner Antwort. Hier stehen Ich und Du nicht nur in der Beziehung, sondern auch in der festen „Redlichkeit". Das bedeutet für Buber, dass „das Gegenüber zur vollen Wirklichkeit des Du erblüht"[501] ist; daher ist diese Beziehung das eigentliche Gleichnis der Beziehung zu Gott.

---

[496] Ich und Du, Werke I, S. 89
[497] Ich und Du, Werke I, S. 131
[498] Ich und Du, Werke I, S. 131
[499] Ich und Du, Werke I, S. 146
[500] Ich und Du, Werke I, S. 100
[501] Ich und Du, Werke I, S. 147

Das Du-Werden der Wesen, das Ansprechen des konkreten Gegenüber, seine Erhebung zum Du gewährleistet die Kontinuität der reinen Beziehung: die Bürgschaft ihrer Dauer liegt darin, dass das Ich immer wieder, jeden Tag durch die Beziehung zum Anderen Gott in der Welt verwirklicht, „so bildet sich die Zeit des Menschenlebens zu einer Fülle der Wirklichkeit auf, und ob es auch das Esverhältnis nicht überwinden kann und soll, ist das Menschenleben dann so von Beziehung durchwirkt, dass sie in ihm eine strahlende, durchstrahlende Stetigkeit gewinnt"[502].

Die Gemeinsamkeit der Beziehung aller „Ichpunkte" zur Mitte, ihrem „wahren Du", schafft einen Kreis: die wahre Gemeinde.

Nur so entsteht ein menschlicher Kosmos.[503]

5.4.2 Unmittelbarkeit

Das Ich-Du-Verhältnis des Menschen kann nicht immer in voller Gegenseitigkeit stehen; die volle Mutualität wohnt dem Miteinanderleben nicht inne, „sie ist eine Gnade, für die man stets bereit sein muss und die man nie als gesichert erwirbt."[504]

Das heißt, dass es gar nicht in meiner Macht steht, die volle Beziehung willkürlich einzugehen.

Wesentliche Voraussetzung der Ich-Du-Beziehung ist ihre Unmittelbarkeit: „Vor der Unmittelbarkeit der Beziehung wird alles Mittelbare unerheblich."[505] Das bedeutet, dass nichts es-weltliches zwischen Ich und Du stehen darf: „Zwischen Ich und Du steht keine Begrifflichkeit, kein Vorwissen und keine Phantasie; und das Gedächtnis selber verwandelt sich, da es aus der Einzelung in die Ganzheit stürzt."[506]

Aber auch kein Zweck und keine Erwartung darf zwischen Ich und Du stehen. „Nur wo alles Mittel zerfallen ist, geschieht die Begegnung."[507]

In der Es-Welt kann es keine Unmittelbarkeit geben; jede Beziehung zwischen Subjekt und Objekt oder zwischen Es-Ich und Es-Ich ist vermittelt: durch Wahrnehmung und Reflexion, durch Aktion und Reaktion.

---

[502] Ich und Du, Werke I, S. 156
[503] Vgl. Ich und Du, Werke I, S. 156f.
[504] Ich und Du, Nachwort (1957), Werke I, S. 166
[505] Ich und Du, Werke I, S. 85
[506] Ich und Du, Werke I, S. 85
[507] Ich und Du, Werke I, .85

Unmittelbarkeit der Beziehung kann daher nicht bedeuten, dass die Distanz von Person zu Person überbrückt wird – jede Brücke wäre ja ein Mittel: auch Berührungen, Blicke, Worte ...

Wie verhält es sich aber mit der Sprache? Auch die Sprache ist ja ein Mittel, sie dient der Übermittlung. Mit diesem Hinweis ist jedoch noch nicht das Wesen der Sprache erfasst; sie erschöpft sich nicht in ihrer Funktion; diese, die Dienstbarkeit für die vielfältigen Aufgaben der Kommunikation, ist nur ein (wenn auch unverzichtbarer) *äußerlicher* Aspekt.
Ist nicht Unmittelbarkeit insofern ein Begriff, von dem man gar nicht eigentlich, also nicht *sinnvoll*, sprechen kann? Anders als beim Gespräch über einen abwesenden Dritten, dessen Spuren im Denken aufgehoben und in der Sprache gelesen werden, ist die Unmittelbarkeit *in ihrem Begriff* verlorengegangen, als hätte sie sich im Moment ihres Ergreifens in nie Dagewesenes aufgelöst.

Aber: Sprache ist nicht Ding, ist nicht Werkzeug, das benutzt und dann wieder beiseite gelegt wird. Im Haben der Sprache ist immer schon der Andere vorausgesetzt; jemand, an den sich das Wort richtet: „Nie ist Sprache gewesen, ehe Ansprache war. Monolog konnte immer erst werden, nachdem der Dialog abbrach oder zerbrach."[508]
Sprache ist eine Manifestation dessen, was wir Geist nennen. Buber kann daher sagen, dass die Sprache nicht im Menschen steckt, „sondern der Mensch steht in der Sprache und redet aus ihr"[509].

Wie ist das zu verstehen? Wir waten doch nicht in Worten, und selbst wenn wir uns manchmal von Sprachfluten überwältigt wähnen, ist das sicher nicht das, was Buber meint.
„Das Wort, das gesprochen wird, hier wird's geäußert und dort vernommen; aber sein Gesprochensein hat das Zwischen zum Ort."[510] Buber meint, dass der Geist nicht im Ich und nicht im Du ist, sondern zwischen Ich und Du. „Geist ist Wort."[511]

---

[508] Das Wort, das gesprochen wird, Werke I, S. 447
[509] Ich und Du, Werke I, S. 103
[510] Das Wort, das gesprochen wird, Werke I, S. 444
[511] Ich und Du, Werke I, S. 103

Unmittelbarkeit herrscht dann, wenn der Mensch im Geist lebt. Unmittelbarkeit herrscht dann, wenn Ich und Du in einer gemeinsamen Mitte stehen, dem Zwischen.

Mit diesem Unmittelbarkeitsbegriff hat Buber den aus Diltheys Erkenntnistheorie herkommenden radikal umgedeutet. Dilthey unterscheidet zwischen äußeren Erfahrungen der Sinne und inneren Erfahrungen, den Erlebnissen. In den Erlebnissen werden wir „unmittelbar", d. h. ohne Vermittlung durch die Sinne, dessen inne, was wir erleben.[512] Bubers frühes Denken war hiervon beeinflusst; in seinem Begriff des „Innewerdens"[513] ist noch ein Echo davon spürbar.

5.4.3 Das Zwischen – negative Ontologie?

Das Zwischen ist nicht transzendent[514]. Es ist von *dieser* Welt und übersteigt sie auch nur insofern, als es der Ort der Begegnung ist, der die absolute Beziehung ermöglicht.

Theunissen geht in seiner Analyse von Bubers „Ontologie des Zwischen" – ich bevorzuge Bubers Ausdruck „Ontologie des Zwischenmenschlichen"[515] – von der Voraussetzung aus, Buber gehe es „um die Relativierung desjenigen Ich, welches das Seiende als ‚Es' anzielt, durch *das* Ich, das dem Seienden als einem Du gegenübersteht."[516] Mithin hebe sich das Du vom Es und nicht vom Ich ab, und die Ontologie des Zwischen erstrebe den „Überstieg über die Sphäre der Subjektivität"[517].

Theunissen verbleibt hier im Bereich dualistischer Spaltung des Ich; er übersieht dabei, dass Buber verlangt, das Ich trete als „Ganzes" und „mit ganzem Wesen" in die Beziehung[518].

---

[512] Vgl. Hans Ineichen, Wilhelm Dilthey, in: Klassiker der Philosophie II, S. 192
[513] Vgl. Zwiesprache, Werke I, S. 182
[514] Buber bestätigt dies: „In dem, was ich sage, ist von Transzendenz gar nicht die Rede. ... Transzendent, das hieße doch etwas, wozu wir uns nicht in unmittelbare Gegenwartsbeziehung setzen können." (Religion als Gegenwart, Fünfter Vortrag, veröffentlicht in: Rivka Horwitz, Buber's Way To „I and Thou", S. 120)
[515] Elemente des Zwischenmenschlichen, Werke I, S. 283
[516] Theunissen, Der Andere, S.261
[517] Theunissen, Der Andere, S. 261
[518] Vgl. z.B. Ich und Du, Werke I, S. 85

In seinem Bedürfnis, Bubers Ansatz in ein System einzugliedern, sucht Theunissen das dialogische Gegenstück zur „perspektivischen Zentrierung der Eswelt auf das Ich"[519] und meint, es im Begriff des Zwischen zu finden.
Er berücksichtigt zwar korrekterweise, dass der Mensch im Geist, in der Liebe, in der Sprache steht, behauptet dann jedoch: „Aber das Umgreifende sind die ontologischen Urphänomene Geist, Liebe und Sprache nur im Verhältnis zum Ich, nicht in Bezug auf Ich und Du zusammen."[520] Dies hat seine Folgerichtigkeit darin, dass Theunissen nachweisen will, dass das Zwischen kein Ich und Du umgreifendes Drittes sein kann. Richtig sieht er, dass Buber das Zwischen weder in einem der beiden Partner, noch in beiden zusammen angesiedelt sehen will – sondern eben *zwischen* ihnen, wobei nicht der bestehende Zwischen*raum* gemeint ist, der sie trennt, sondern das sich erst in der Begegnung öffnende Zwischen, das man vielleicht am angemessensten mit einem Kraftfeld veranschaulichen kann, das zwischen zwei magnetischen Polen entsteht. Ein metaphysisches Faktum ist das Zwischen, insoweit es die Dingwelt übersteigt, *nicht* aber die *Wirklichkeit*.
Buber macht dagegen klar, dass er das Zwischen sehr wohl als eine neue Dimension meint, die weder „von der Ontik der persönlichen Existenz", noch von der zweier Personen aus fassbar ist, „sondern von dem aus, was, beide transzendierend, zwischen ihnen west."[521]
Dieses geschieht zwar jenseits des Subjektiven, aber diesseits des Objektiven, daher wird für Buber „unverkennbar deutlich, dass hier weder des Individuellen, noch des Sozialen, sondern eines Dritten Stab um das Geschehen zieht."[522]

Ein weitere eklatante Fehlinterpretation erklärt sich daraus, dass Theunissen Bubers Begriff der „Haltung" mit Husserls Begriff der „Einstellung" identifiziert und daraus beiden gemeinsame „Horizontintentionalität"[523] ableitet. Damit erscheint es logisch, zu sagen, Du und Es seien zwar Weisen der Anwesenheit des Seienden, „aber Weisen, die ich dem Seienden vorschreibe."[524]

---

[519] Theunissen, Der Andere, S. 265
[520] Theunissen, Der Andere, S. 265
[521] Das Problem des Menschen, Werke I, S. 406
[522] Das Problem des Menschen, Werke I, S. 406
[523] Theunissen, Der Andere, S. 278
[524] Theunissen, Der Andere, S. 279

Dem widerspricht auch Bloch, wenn er sagt, dass Buber uns in die Welt hineinstellt, „die nicht auf irgend etwas ‚zurückgeführt' wird. Weder auf einen gleichsam im Durchstieg durch mein Ich zu findenden ‚Entwurf'; noch auf ein Absolutum, Geist oder Gott"[525].

Theunissen will nachweisen, dass in der Begegnung dem Du die Unmittelbarkeit verloren geht. Er berücksichtigt dabei nicht, dass die „Haltungen" Bubers *nicht* wie Husserls „Einstellungen" in *einer* Ichsubstanz wurzeln: „Es gibt kein Ich an sich, sondern nur das Ich des Grundworts Ich-Du und das Ich des Grundworts Ich-Es."[526] Das bedeutet, dass man eben *nicht* das Ich-Du-Grundwort als subjektiven Pol der Intentionalität fassen kann – denn „der neutrale Ort ‚Mensch'"[527], der je nach Haltung vom Du-Ich oder vom Es-Ich besetzt wird, existiert nicht.

Was Theunissens Ansatz Buber gegenüber fragwürdig erscheinen lässt, ist, dass er der dualistischen Gegenüberstellung verhaftet bleibt. Dies wird besonders deutlich, wenn er das Du als nichts und das Es als etwas charakterisiert.

Theunissen schreibt: „Im Abheben vom Es als ‚*Etwas*' wird hier das Du als ‚*nichts*' bezeichnet."[528] Ich konnte bei Buber kein Zitat finden, das diese Auffassung rechtfertigen würde. Als Beleg führt Theunissen folgende Erläuterung Bubers an: „Wer Du spricht, hat kein Etwas zum Gegenstand. Denn wo Etwas ist, ist anderes Etwas, jedes Es grenzt an andere Es, Es ist nur dadurch, dass es an andere grenzt. Wo aber Du gesprochen wird, ist kein Etwas. Du grenzt nicht. Wer Du spricht, hat kein Etwas, hat nichts. Aber er steht in der Beziehung."[529]

Worum es ihm geht, sagt Buber hier in aller Deutlichkeit: Das Du ist kein Ding, das grenzt, und daher hat, wer Du spricht, kein Etwas. Buber sagt nicht: Wer Du spricht, hat ein Nichts, sondern: *hat* nichts. Es geht also ganz zweifelsfrei *nicht* um den Gegensatz von Etwas und Nichts, sondern um den Gegensatz von Haben und Nichthaben. Das Du *ist* natürlich da, ein Seiendes, und außerhalb der konkreten Beziehung ist es Bestandteil der Es-Welt, dort ist es auch „Etwas".

---

[525] Bloch, Die Aporie des Du, S. 180
[526] Ich und Du, Werke I, S. 79
[527] Theunissen, Der Andere, S. 278
[528] Theunissen, Der Andere, S. 301
[529] Ich und Du, Werke I, S. 80

Ob das jeweilige Vorkommende mir Es oder Du ist, entscheidet sich allein nach meiner Haltung ihm gegenüber. Es ist nicht so, wie Theunissen sagt: „... weil das Du nichts *ist, hat* auch, wer Du spricht, nichts"[530], sondern weil, wer Du spricht, nichts hat, ist das Du kein Gegenstand – Du-Sprechen ist ja kein Akt der Aneignung, sondern das genaue Gegenteil.

Dass „das Nichts in Bubers Theorie des Du dominiert"[531], wie Theunissen moniert, hängt ausschließlich damit zusammen, dass sich das, was sich in der unmittelbaren Begegnung ereignet, nicht positiv aussagen lässt. Daher lässt sich auch nicht behaupten, das Du sei „auch erlebnismäßig nichts"[532], vielmehr müssen wir Bubers Erklärung ernst nehmen, dass man zwar in der Begegnung nichts vom Du erfährt – aber alles von ihm weiß: „Denn man weiß von ihm nichts Einzelnes mehr."[533]

Und das bedeutet auch, dass man in der Beziehung von nichts absehen muss, auch nicht von den Eigenschaften des Anderen[534]. Denn es geht nicht um ein allgemeines Du – und das aller Eigenschaften entkleidete wäre nicht mehr ein Du, schon gar nicht dieses konkrete Du, *dieses* wäre das Nichts. Dieses Du wäre das Gleichgültige; die Einzigkeit verkörpert sich gerade in konkreten, individuellen Eigenschaften – aber die Eigenschaften sind nicht das Eigentliche des Du: Im Lichte des Du erscheint nur das *Du selbst*.

Wie wir sehen, stehen sich hier zwei Auffassungen diametral – und man kann sagen: unversöhnlich – gegenüber: einerseits Theunissen, der rein analytisch vom Standpunkt des Phänomenologen aus argumentiert und behauptet, der Du-Welt und der Es-Welt sei beiden mit dem Begriff der Intentionalität beizukommen, und andererseits Buber, der sich auf die Erfahrung einer Wirklichkeit beruft und behauptet, es gebe die Du-Beziehung als das kategorial Andere, es gebe die Haltung, die das Gegenüber nicht zum Gegenstand mache. Viel mehr behauptet Buber nicht, alles weitere ergibt sich schlüssig aus diesen Thesen. Bubers Problem liegt darin, diese Erfahrung in die Es-Welt übersetzten zu müssen, um darauf hinweisen zu können, denn eine Sprache der Unmittelbarkeit gibt es nicht.

---

[530] Theunissen, Der Andere, S. 314
[531] Theunissen, Der Andere, S. 307
[532] Theunissen, Der Andere, .307
[533] Ich und Du, Werke I, S. 84
[534] Vgl. Theunissen, Der Andere, S. 306

Kann man nach dem Gesagten von einer „negativen" Ontologie des Zwischen reden? Das Zwischen wurde rational zugänglich gemacht im *Vergleich* von Du-Welt und Es-Welt. Was aussagbar ist, ist ihre *Differenz,* also das, worin sie sich ontologisch unterscheiden.
Das Erscheinen des Zwischen als Negativität ist also nur logische Folge der Methodik: In der Welt des Diskurses kann es nur negativ *ausgesagt* werden. In der Welt der Beziehung kann es nur positiv *verwirklicht* werden.

Theunissens Kritik musste letztlich daran scheitern, dass man Bubers „Ontologie des Zwischen" ohne wesentliche Verrenkungen nicht negativ als Gegenentwurf zur Transzendentalphilosophie verstehen kann, sondern einfach als Ontologie der „dialogischen Situation"[535].

5.5 Brechung

„Durch jedes geeinzelte Du spricht das Grundwort das ewige an."[536]
Das Grundwort spricht das ewige an – *Ich* spreche das Du an.
Zwar spreche ich das Du mit dem Grundwort an; aber indem ich es ausspreche, trete ich in die Beziehung. Damit bin ich im Zwischen, im Ich-Du, stehe im Grundwort und spreche *da heraus* das ewige an.

Das eben ist der Kulminationspunkt des Buberschen Ansatzes, der Kern, um den alles kreist, dass die Ich-Du-Beziehung, sobald sie eine *wirkliche* Beziehung ist, eine neue Qualität erreicht, die nichts mehr mit einer Subjekt-Objekt-Beziehung zu tun hat und auch nicht in deren Kategorien zu begreifen ist. Man könnte von einer Dialektik des Dialogs sprechen: nicht Ich, nicht Du, sondern Ich-Du; dieses nicht als Synthese, nicht als höhere Einheit, sondern als unmittelbare Beziehung eigenständiger Wesen, die in der Begegnung ihre Anderheit bewahren und bewähren. Dies als Verschmelzung aufzufassen, ginge an der Sache vorbei, auch wenn Buber gelegentlich dieses Bild gebrauchte; eher könnte man an Kernfusion denken: Im Kraftfeld des Absoluten gehen zwei dazu bereite Wesen eine neue Bindung ein, die bald wieder zerfallen muss – aber ihre Zerfallsprodukte strahlen in die Welt hinaus.

---

[535] Das Problem des Menschen, Werke I, S. 406
[536] Ich und Du, Werke I, S. 128

Die Du-Welt „führt dich, durch die Huld ihrer Ankünfte und durch die Wehmut ihrer Abschiede, zu dem Du hin, in dem die Linien der Beziehungen, die parallelen, sich schneiden."[537]
Es gibt für Buber keine andere Offenbarung als die in der Begegnung mit anderen Menschen: „Die tatsächliche Offenbarung bedeutet mir die Brechung des ewigen göttlichen Lichtes in der menschlichen Vielfältigkeit, d. h. die Brechung der Einheit im Widerspruch."[538]

5.6 Das Andere des Du und das Du des Anderen

(Das Paradox der Autonomie)

5.6.1 Abhängigkeiten

Beim Durchgang durch Bubers Werk haben wir die Ich-Du-Beziehung analysiert und festgestellt, dass sie sich im Hinblick auf das ewige Du konstituiert. Damit können wir nun die Fragen, die wir bisher umgangen und im Umgehen gelegentlich gestreift haben, gewissermaßen von innen her angehen.

Wir konnten eine zwiefältige Abhängigkeit erkennen:
1. Das Ich wird am Du zum Ich.
2. Das Du ist Mittler beim Durchblick zum ewigen Du.

Im ersten Fall ist die Abhängigkeit eine wechselseitige, denn das Du ist ja auch ein Ich, das an mir, seinem Du, zum Ich wird. Hier ist somit Gegenseitigkeit als Schlüsselwort identifiziert.
Nicht sich selbst muss man suchen, um Ich zu werden, sondern den anderen, aber nicht als den Anderen, sondern als Du – dies ist das *principium individuationis* der Dialogik.
Da ich dem Du, das auch ein Ich ist, ebenso Du bin, wie es mir Du ist; da ich also Du für ihn und er Du für mich ist, sind wir, abgesehen von rein äußerlichen Verschiedenheiten, ontologisch gesehen einander gleich. Eine auf dieser Basis betrachtete Beziehung ist also eine gegenseitig gleichberechtigte; daher

---
[537] Ich und Du, Werke I, S. 100
[538] Antwort, in: Schilpp/Friedman, S. 597

kann man sich darauf beschränken, die Ontologie des Beziehungsaktes selbst zu untersuchen.

Das Ich als solipsistisches ist nicht autonom: Das Subjekt ist nur als ein in Beziehung stehendes denkbar.

Da das Ich bei Buber nicht die individuelle Verkörperung eines „transzendentalen Subjekts" ist, wie bei Kant, auch keine „Substanz", die nichts außer ihrer selbst bedarf, kann es sich nicht als selbständiges Ich setzen. Seine Autonomie gewinnt es erst durch die Hinwendung zum Anderen, durch die Beziehung zum Du, aber nicht derart, dass ihm das Du seine Autonomie „verleiht". Die Begegnung ist ein Akt gegenseitiger Setzung als Ich-Du. Die Autonomie besteht in der freien Wahl der Haltung.

Aus dem Geist des Judentums führt Buber die Autonomie der Person mit der Unterwerfung unter Gottes Gesetz zusammen:

> „(Das Judentum) weiß auch, dass die *echte* Autonomie eins ist mit der wahren Theonomie: Gott will, dass der Mensch das göttliche Gebot aus dem Eigenmenschlichen und mit dem Eigenmenschlichen erfülle. Das Gebot wird nicht auf ihn geworfen, es ruht in seinem innersten Grund und soll, auf den Ruf, erwachen."[539]

Vor der Begegnung müssen sich die Begegnenden der Möglichkeit von Begegnung – von wirklicher Begegnung, nicht zufälligem raum-zeitlichem Zusammentreffen – innegeworden sein, das heißt ihnen muss gegenwärtig sein, dass sie in einer Welt leben, die die Gegenseitigkeit von Beziehung zulässt, also in *einer* Welt; und da die Begegnung sich nicht von selbst ergibt, müssen beide ihrer gewärtig sein.

Diese Feststellung ist durchaus nicht so trivial, wie sie vielleicht zunächst erscheint. Nicht umsonst muss Buber zur Grundlegung seiner Dialogik auf zwei Postulate zurückgreifen, die in keiner Weise in Frage gestellt werden, nämlich

1. die *Fähigkeit* zum Du-Sagen, die uns als Du-Sinn eingeboren ist; „... damit echte Begegnungen geschehen und immer wieder geschehen, muss dem Menschen das Du zum Mitmenschen innewohnen."[540]
2. die Gegenwart des zentralen Du, die als *Gnade* empfangen wird.

---

[539] Die Lehre und die Tat, in: Der Jude und sein Judentum, S. 667
[540] Antwort, in: Schilpp/Friedman, S. 610

Zwischen diesen beiden Polen, im Kraftfeld von Möglichkeit und Wirklichkeit, spielen sich die Metamorphosen der Beziehungen ab.

5.6.2 Vermittlung

Im Gegensatz zur Es-Welt hat die Du-Welt keinen Zusammenhang in Raum und Zeit. „Sie hat ihren Zusammenhang in der Mitte, in der die verlängerten Linien der Beziehungen sich schneiden: im ewigen Du."[541]
Das ewige Du als das Absolute ist die ewige Mitte. Aber im Absoluten, wo nichts relativ ist, gibt es keine Mitte, weil jeder Punkt Mitte ist; es ist die reine Mitte. So ist zu verstehen, dass *jede* einzelne Beziehung Durchblick zum ewigen Du ist; so ist aber nicht zu verstehen, wie man die Umkehr sinnvoll als „das Wiedererkennen der Mitte, das Sich-wieder-hinwenden"[542] begreifen soll.
Die Linien der Beziehungen werden aufgespannt im Akt der Begegnung, der als Einheit von Aktion und Passion ermittelt wurde, als gegenseitige Wesenstat. Die Begegnung vollzieht sich im Ansprechen, wobei daran zu denken ist, dass als Sprache hier jede Art von Zeichen zu gelten hat. Die Begegnung lässt sich nun aber nicht säuberlich in Ansprechen und Angesprochenwerden scheiden. Diese bilden wiederum eine Einheit in der Ausschließlichkeit des Zwischen: jedes Ansprechen ist Angesprochenwerden und umgekehrt.
Es ist also nicht „die Erwartung der Entsprechung"[543], die das Ansprechen konstituiert. Dies ist die monologische Sicht, denn es ist der Monolog, dem „die ontologische Grundvoraussetzung des Gesprächs fehlt, die Anderheit, konkreter: das Moment der Überraschung."[544]
Nicht die Intention auf Entsprechung ist also das entscheidende Konstituens des Ansprechens, sondern das, was Buber „Gewärtigsein" nennt.
Nicht einsichtig ist daher, dass Theunissen meint: „Als Faktizität der Begegnung erfahre ich die dialogische Faktizität demnach primär im Angesprochenwerden."[545]

---

[541] Ich und Du, Werke I, S. 146
[542] Ich und Du, Werke I, S. 146
[543] Theunissen, Der Andere, S. 319
[544] Das Wort, das gesprochen wird, Werke I, S. 445
[545] Theunissen, Der Andere, S. 324

Buber sagt treffender: „... mag auch Rede, mag auch Mitteilung zu entbehren sein, eins (scheint) denn doch zum Mindestbestand des Dialogischen sinngemäß unablösbar zu gehören: die Gegenseitigkeit der inneren Handlung."[546] Buber erläutert diesen Gedanken: Es könne geschehen,

> „dass mir, in einer empfänglichen Stunde meines persönlichen Lebens, ein Mensch begegnet, an dem mir etwas, was ich gar nicht gegenständlich zu erfassen vermag, ‚etwas sagt'. Das heißt keineswegs: mir sagt, wie dieser Mensch sei, was in ihm vorgehe und dergleichen. Sondern: *mir* etwas sagt, mir etwas zuspricht, mir etwas in mein eigenes Leben hineinspricht. ... der Mensch selber in seinem Verhalten zu mir hat mit diesem Sagen nichts zu schaffen; er verhält sich nicht zu mir, er hat mich wohl gar nicht bemerkt. Nicht er sagt es mir ...: *es* sagt."[547]

Das Geheimnis des Seins fordert von uns „das Letzte, so schwer Erkämpfte, eben das Ruhen im eigenen Selbst, herzugeben, die Schranken des Selbst zu durchbrechen und aus uns hinauszugehen zur Begegnung mit der wesenhaften Anderheit."[548]

Was bedeutet das? Es bedeutet, dass man den Rückhalt in sich aufhebt. Man hat selber Macht darüber, das, was einem begegnet, rückhaltlos aufzunehmen. Man kann nichts davon erzählen, man weiß nichts davon – aber es bedarf auch keines Wissens mehr: „Denn wo Rückhaltlosigkeit zwischen Menschen, sei es auch wortlos, gewaltet hat, ist das dialogische Wort sakramental geschehen."[549]

5.6.3 Das Du in der Mitte

Das Du steht in der Mitte zwischen Ich und Gott. Ist es darum schon Mittler? Oder ist die Mitte nur seine grammatikalische Position, nicht seine ontologische? Und was heißt hier „zwischen"? Ich und Du stehen in der Beziehung im Zwischen, und im Zwischen gibt es kein zwischen mehr, nur die ewige Mitte. Wie kann das Du dann Mittler sein?

---

[546] Zwiesprache, Werke I, S. 180
[547] Zwiesprache, Werke I, S. 182
[548] Das Problem des Menschen, Werke I, S. 378
[549] Zwiesprache, Werke I, S. 176

Wir hatten gesehen, dass der Beziehungsakt aus einer Einheit von Aktion und Passion, von gegenseitigem Erwählen und Erwähltwerden besteht, wobei für die Beziehung, von der Du-Seite beider Ichs her, unerheblich ist, welcher der ursprünglich Ansprechende und der ursprünglich Ansprechende ist, denn dieser Unterschied hebt sich in der Beziehung auf: beide sind Ich-Du.
Das Du ist ja nicht bloß Katalysator des Ich, das am Du zum Ich wird, während das Du unverändert aus der Begegnung hervorginge. Auch das Du geht daraus als ein anderes hervor.
Darin bestätigt sich die Mittlerfunktion. Auch der Mittler ist in seiner Funktion aktiv und passiv in einem. Mag auch die Vorstellung des Du als Makler des Unbedingten zunächst befremden, so erhält sie ihre beziehungseigene Logik durch die Tatsache, dass auch der Vermittler durch die Vermittlung „gewinnt": nämlich seinerseits den Durchblick zum ewigen Du.

Wir haben zu bedenken, dass wir uns hier auf dem unsicheren Terrain der Metaphorik bewegen. Zwar sind Metaphern zur Artikulation der Wahrheit der Beziehung unerlässlich[550], man darf sich durch sie aber nicht auf falsche Fährten locken lassen.
Dies geschieht Bloch, wenn er aus der visuellen Metapher des „Durchblicks" weitreichende Folgerungen zieht, die aber die Sache verfehlen.

Bloch erblickt die Schärfe des Verhältnisses der Ich-Du-Beziehung zur Gottesbeziehung darin, dass nach Buber das geeinzelte Du nicht Durckblick zum ewigen „gewährt", sondern „ist"[551]. Dies scheint die Auffassung zu bestätigen, dass das Du nur eine Mittlerfunktion einnimmt, durch die das Ich Durchblick zum ewigen Du erhält. Bloch schließt dann auch, das Du als „Weltkonkretum sei selbst nicht Korrelat des wirklichen Lebens"[552]. Das soll doch wohl heißen, das Du sei nicht als dieses konkrete Du gemeint, weil es eben nur „fungiere", und zwar nur „in der Selbstverleugnung seiner eigenen

---

[550] „Der Begegnung gegenüber aber verhält es sich so, dass die „paradoxalen" Ausdrücke ihre unvergleichliche, unsubsumierbare Einmaligkeit respektieren, die durchlogisierten nicht." (Antwort, in: Schilpp/Friedman, S. 600)

[551] Bloch, Die Aporie des Du, S. 80
Die ersten drei Kapitel dieser Schrift sind textidentisch mit Blochs Dissertation „Geheimnis und Schöpfung. Elemente der Dialogik Martin Bubers". Ich zitiere daher nur nach „Die Aporie des Du".

[552] Bloch, Die Aporie des Du, S. 82

Wirklichkeit"[553]. Zwar sieht Bloch Bubers Bedingung, „dass die Beziehung zu Gott nicht neben den Weltbeziehungen verläuft, sondern sich *in* ihnen herstellt"[554], doch indem er die Beziehung zum einzelnen Du von der Beziehung zum ewigen Du trennt, übersieht er in seiner Fixierung auf die paradoxale Metapher von der Transparenz, dass erst die unmittelbare Beziehung zum konkreten Du den Durchblick zum ewigen eröffnet: Erst indem ich die konkrete Beziehung verwirkliche (nicht herstelle, wie Bloch sich ausdrückt), kann ich zum ewigen Du in Beziehung treten; und zwar durchaus „unmittelbar", weil es nun des Mittlertums des Du nicht mehr bedarf. Es ist also nicht das Du, das eigentlich vermittelt, sondern die Beziehung zu ihm. Denn, wie Buber sagt: „Nur in der Beziehung ist er mein Du."[555]

So hat sich gezeigt, dass man Bubers Metaphern nicht zu wörtlich nehmen darf, da sie nur Hilfskonstruktionen sind; sie sind *Hinweis*, nicht ontische Aussage, da die Wahrheit der Beziehung nicht auf einen Begriff zu bringen ist.
Aber selbst innerhalb der Metapher des Durchblicks lässt sich die Haltlosigkeit des Blochschen Einwands verdeutlichen.
Das Du ist mir in den Weg gestellt. Aber nicht so, dass es den freien Blick auf Gott verhinderte: Im Durchblick erst zeigt sich etwas, was sich ohne das Gegen-Stehende nicht zeigen würde – doch zeigt es sich erst, wenn aus dem Gegenstand ein gegenwärtiges Du wird, das insofern *als Gegenstand* verschwindet – transparent wird. Und insofern „ist" das Du auch Durchblick, weil es als Du kein Gegenstand ist. Aber es verschwindet nicht als konkretes Weltwesen, von dem abzusehen wäre.

Buber schreibt zu diesem Problem: „Die Geschöpfe sind uns in den Weg gestellt, damit ich, ihr Mitgeschöpf, durch sie und mit ihnen zu Gott finde."[556]
Um das Missverständnis der unselbständigen Mittlerfunktion der Mitgeschöpfe von vornherein auszuschließen, ergänzt Buber das „durch sie" (durch sie hindurch oder mit ihrer Hilfe) durch „mit ihnen" (gemeinsam, in ihrer Begleitung).

---

[553] Bloch, Die Aporie des Du, S. 82
[554] Bloch, Die Aporie des Du, S. 82
[555] Antwort, in: Schilpp/ Friedman, S. 596
[556] Die Frage an den Einzelnen, Werke I, S. 230

Es ist aber zu beachten, dass das nicht als sowohl-als-auch aufzufassen ist, sondern als unauflösliche Einheit. Die Geschöpfe sind uns also in den Weg gestellt, aber nicht als Hindernisse: „Die Schöpfung ist keine Hürde auf der Bahn zu Gott, sie ist diese Bahn selbst."[557]

> „Wenn alles Konkrete gleich nah, gleich nächst ist, hat das Leben mit der Welt nicht Gliederung und Bau, nicht menschenhaften Sinn mehr. Aber zwischen mir und einem meiner Genossen[558] in der Genossenschaft der Schöpfung braucht, wann irgend wir einander nah kommen, nichts zu mitteln, weil wir in der gleichen Mitte verbunden sind."[559]

5.7 Die ewige Mitte

Buber kann sich nicht recht entscheiden, ob er die absolute Beziehung von der Gottesseite oder der Menschenseite her angehen soll. Betrachtet er die Ich-Du-Beziehung als hinführend zur reinen Begegnung, also als deren Ziel, so gerät das konkrete Du in die Gefahr, eine bloße Mittlerposition einzunehmen.
Begreift er dagegen die Beziehung zum einzelnen Du als das Wesentliche, so droht das ewige Du ins Jenseits zu entschwinden.

5.7.1 Das vollständige Leben

Unter Revision der subjektivistischen Reduktion seines Ich-Begriffs in der mystischen Phase (dessen Repräsentanten der schöpferische Mensch, der Held, der Weise, der Prophet waren) entwickelt Buber eine Vorstellung vom „vollständigen Leben", das „im wirklichen Umgang mit Gott und der Welt"[560] besteht. Das vollständige Leben ist das sich in der Begegnung verwirklichende. Vollständig ist es, weil es die dialogische Existenz in die Welt integriert.

---

[557] Die Frage an den Einzelnen, Werke I, S. 230
[558] „Genosse" ist Bubers Übersetzung des hebräischen Worts, das Luther mit „Nächster" übersetzt.
[559] Zwiesprache, Werke I, S. 194
[560] Reden über das Judentum, Vorrede (1923), in: Der Jude und sein Judentum, S. 7

Der Rückzug ins Kloster, den Kierkegaard als die Aufgabe der Zeit bestimmt hat, das heißt das Absehen von jeglichen menschlichen Beziehungen, ermöglicht zwar „dem so Behüteten die Richtung auf den Punkt Gott mit einer anders nicht zu erlangenden Geradheit"[561] – aber Gott ist hier tatsächlich nur Zielpunkt einer Linie. „Den wirklichen Gott aber kann kaum eine kürzere als jedes Menschen längste Linie erreichen: die Linie, welche die diesem Menschen zugängliche Welt umspannt."[562]

Bei Kierkegaards Kategorie des Einzelnen geht es nach Buber nicht um das „richtige" Leben im sokratischen Sinne, sondern um den Eintritt in eine Beziehung, und zwar eigentlich um die ausschließliche Beziehung zu Gott. Die Beziehung zum anderen Menschen hat für Kierkegaard nur untergeordnete Bedeutung: der Mensch soll „wesentlich allein mit Gott und mit sich selber reden."[563]

Diese Verknüpfung des Umgangs „mit Gott" mit dem „mit sich selber" empfindet Buber als verhängnisvolle Fortsetzung einer monologischen Tradition. Er hält dagegen: „Nur wenn ich mit einem Anderen wesentlich zu tun bekomme, so also, dass er gar nicht mehr ein Phänomen meines Ich, dafür aber mein Du ist, nur dann erfahre ich die Wirklichkeit des Mit-einem-redens – in der unverbrüchlichen Echtheit der Gegenseitigkeit."[564]

Einerseits wird das Du als Mittler zu Gott angesehen, andererseits ist Gott die ewige Mitte, und das heißt ja nichts anderes, als dass er das alle Beziehungen vermittelnde – weil bedingende – Unbedingte ist. Die Unmittelbarkeit der Ich-Du-Beziehung wäre dann das, was zwischen dem Geheimnis und der Wirklichkeit vermittelt, und ihr Ort wäre das Zwischen als das, wodurch das Geheimnis in das Leben einwirkt und so wirklich wird.

Das Problem wird dadurch nicht erleichtert, dass Buber zwei offensichtlich widersprüchliche Metaphern zur Verdeutlichung heranzieht.[565]

---

[561] Die Frage an den Einzelnen, Werke I, S. 230
[562] Die Frage an den Einzelnen, Werke I, S. 230
[563] Vgl. Die Frage an den Einzelnen, Werke I, S. 228
[564] Die Frage an den Einzelnen, Werke I, S. 228f.
[565] Buber schreibt: „Wohl geht es nicht an, über Gott anders als dialektisch zu reden, weil er nicht unter dem Satz vom Widerspruch steht." (Die Frage an den Einzelnen, Werke I, S. 232) Wenn er aber ergänzt: „Es gibt jedoch eine Grenze der Dialektik, wo zwar nicht mehr ausgesagt, aber gewusst wird", so können wir das so nicht akzeptieren: Dem Be-

Diese erscheinen vielleicht in einem anderen Licht, wenn man sich nicht an der Unvereinbarkeit ihres Widerspruchs orientiert, sondern die zweierlei Bilder als zwei Brechungen desselben Lichtes ansieht.
Einerseits eignet der weltimmanenten Ich-Du-Beziehung durch ihren Durchblick zum ewigen Du eine transzendente Komponente, andererseits ist ihr die Beziehung zum ewigen Du immanent; diese wiederum soll durchaus als weltimmanent verstanden werden: Gott realisiert sich in der Beziehung, also in der Welt, die er gleichzeitig umfasst.

Diese waghalsige Konstruktion (die sich mit dem Gegensatzpaar Einschließlichkeit / Ausschließlichkeit wiederholt), ein quasi wechselseitiges Umfassen von Transzendenz und Immanenz, funktioniert zwar in der Sprache, aber nicht notwendigerweise in der Welt.[566]
Der Gott, in dem sich die Linien der Beziehungen schneiden, ist ein virtueller. Das muss nicht heißen, dass er fiktiv ist, heißt aber, dass er nur durch diese Linien, also durch die Ich-Du-Beziehungen, existiert.
Das Du ist nicht unselbständige Durchgangsstation, wenn die Beziehungslinien – die gerichteten Seelen – es nicht gleichsam durchkreuzen, sondern durchleben.

Insofern realisiert sich das ewige Du im Schnittpunkt der Beziehungslinien, auch wenn man nicht daran glaubt, verwirklicht sich also in der wahren Einheit von Ich und Du – das ewige Du (be-) zeugend.

Buber hat durchaus gesehen, dass seine Konzeption der Ich-Du-Beziehung diese Interpretation erlaubt – und hat sich dagegen verwahrt.
Buber beteuert, dass er den persönlichen Gott meine.

---

griff des Wissens liegt ja gerade eine Inhaltlichkeit zugrunde, und jeder Inhalt ist aussagbar.

[566] Man könnte diese Sprachfigur optisch mit den Grafiken von M.C. Escher veranschaulichen, z.B. eine Treppe, die immer weiter hinauf und doch immer wieder nur im Kreise führt. Auf dem Papier funktioniert das auf irritierende Weise; sobald die dritte Dimension hinzukommt, zerfällt die Illusion. – Ähnlich verhält es sich mit dem Paradox. Die wechselseitige Einschließung von Immanenz und Transzendenz Gottes ließe sich paradox so formulieren: Gott ist größer als Gott; oder: Gott ist anders als Gott - aber was sagt das? Der Bestand an Paradoxa lässt sich beliebig vermehren, ohne dass damit ein Erkenntnisgewinn verbunden sein muss.

5.7.2 Bewährung

„Was mir widerfährt, ist Anrede an mich. Als das, was mir widerfährt, ist das Weltgeschehen Anrede an mich."[567]
Dem Anruf Gottes antwortet der Mensch mit seinem Leben, mit dem Ja der Begegnung oder dem Nein der Abschließung, des Verharrens in der Es-Welt. Es geht um den Sinn, der in diesem unseren Leben, in dieser Welt, hier und jetzt von uns bewährt werden will. Dieser Sinn ist nicht als allgemeingültiges Wissen aussagbar und kann nicht als ethisches Sollen vorgeschrieben werden: „Zu bewähren vermag den empfangenen Sinn jeder nur mit der Einzigkeit seines Wesens und in der Einzigkeit seines Lebens."[568]

So will Buber den Begriff der Verantwortung aus der frei schwebenden Ethik in das gelebte Leben zurückholen: „Echte Verantwortung gibt es nur, wo es wirkliche Antworten gibt."[569]
Jede konkrete Situation, jede Begegnung ist uns ein Zeichen, eine Frage, auf die wir in der „unübersetzbaren Sprache des Tuns und Lassens"[570] mit unserem Wesen antworten – oder uns der Antwort entziehen.
Das ist das „Realverhältnis der ganzen menschlichen Person zur ungehabten, unhabbaren Wahrheit, und es vollendet sich erst in der Bewährung."[571] Die Menschenseite der Wahrheit ist die menschliche Existenz.

„Gott ist die Wahrheit, weil er ist, der Einzelne ist die Wahrheit, weil er sich zu seiner Existenz findet."[572] Damit ist die „Existenz" eine Qualifikation des Lebens als des *verantworteten* Lebens. Das bedeutet keineswegs das Fertigwerden mit allen Situationen, das souveräne Bewältigen des Lebens; es bedeutet, dem Augenblick treu zu sein und so ein Leben zu erfahren, „das etwas anderes als eine Summe von Augenblicken ist"[573], nämlich „Dienst am Ziel der Schöpfung"[574]. In diesem Dienst hat sich der Mensch zu bewähren;

---

[567] Zwiesprache, Werke I, S. 183
[568] Ich und Du, Werke I, S. 153
[569] Zwiesprache, Werke I, S. 189
[570] Zwiesprache, Werke I, S. 190
[571] Die Frage an den Einzelnen, Werke I, S. 224
[572] Die Frage an den Einzelnen, Werke I, S. 224
[573] Zwiesprache, Werke I, S. 190
[574] Bilder von Gut und Böse, Werke I, S. 650

ohne die Bewährung gibt es für ihn wohl ein Leben, möglicherweise sogar ein ausgefülltes – aber keine eigentliche Existenz[575].

Die Bewährung ist zu verstehen als „das Einschlagen und das Einhalten der Einen Richtung"[576], das heißt der Situation des Augenblicks zu antworten. Damit wird zugleich für sie geantwortet und das heißt, den Augenblick zu verantworten. „Ein neuerschaffenes Weltkonkretum ist uns in die Arme gelegt worden; wir verantworten es."[577]

5.7.3 Vollendung

Der Mensch tritt in die absolute Beziehung – aber er begegnet dort nicht dem Absoluten, denn „begegnen kannst du dem Absoluten nicht."[578] Er begegnet dem Konkreten, und in der wahrhaften Begegnung mit dem konkreten Du steht er in der Gegenwart des Absoluten. Das heißt „alles im Du sehen"[579]. Die absolute Begegnung als die „ausschließliche" Gottesbeziehung ist demzufolge nicht so aufzufassen, dass sie die Welt, den Alltag, das Leben ausschließt; „Gott nimmt ... seine Absolutheit in die Beziehung mit auf, in die er zum Menschen tritt. Der Mensch, der sich ihm zuwendet, braucht sich daher von keiner andern Ich-Du-Beziehung abzuwenden"[580].

Der Einzelne ist als einzelner nicht der ganze Mensch. Er benötigt, um wirklich Mensch zu sein, den Anderen: die Ansprache an das Du und die Antwort des Du, die Beziehung. In der vollkommenen Beziehung erreicht der Mensch Vollkommenheit.

Somit unterscheidet sich Bubers Auffassung von Unvollkommenheit wesentlich von anderen, wie der des Christentums, das die menschliche Unvollkommenheit mit dem Abfall von Gott erklärt, oder der Romantik, die seine zivilisatorische Entartung für verantwortlich hält. Bei Buber ergibt sich

---

[575] Existenz bedeutet für Buber das konkrete Seiende des wahrhaften Lebens, nicht das Existenziale von Heideggers „Sein des Seins", und das Nichts interessiert Buber erst recht nicht.
[576] Bilder von Gut und Böse, Werke I, S. 650
[577] Zwiesprache, Werke I, S. 190
[578] Antwort, in: Schilpp/Friedman, S. 591
[579] Ich und Du, Werke I, S. 130
[580] Ich und Du, Nachwort (1957), Werke I, S. 170

die Unvollkommenheit aus der Vorenthaltung, dem Verfehlen der Beziehung zum Anderen dadurch, dass der Mensch nicht sein ganzes Wesen einsetzt.

Buber sieht die Vollendung des eingeborenen Du einzig in der unmittelbaren Beziehung zum ewigen Du. Diese absolute Beziehung wiederum vollendet sich in der Beziehung zum einzelnen Du, sie ist „ihrer aller Vollendung und Einswerden"[581].

Worin aber liegt das Absolute der absoluten Beziehung? Ist sie wirklich als letzte Steigerung aller relativen Beziehungen zu denken? Die Attribute der Vollkommenheit – „reine", „höchste", „unbedingte" Beziehung – helfen nicht weiter. So kann Buber sich nur mit der „Paradoxie der Paradoxien"[582] behelfen, der Behauptung der „absoluten Person"[583] Gottes; darunter ist die Übersteigerung der Übersteigerungen zu verstehen, ein Widerspruch, der, wie Buber sagt, „der höheren Einsicht weichen"[584] muss, oder, wie ich sagen möchte, eine Singularität, in der die Gesetze des Denkens aufgehoben sind, und vor der man nur schweigend verharren kann, gläubig oder zweifelnd.

Nicht ganz klar wird, was Buber meint, wenn er sagt: „Wer in die absolute Beziehung tritt, den geht nichts Einzelnes mehr an, nicht Dinge und nicht Wesen, nicht Erde und nicht Himmel; aber alles ist in der Beziehung eingeschlossen."[585]

Diese Formulierung ist missverständlich insofern, als Buber immer wieder bekräftigt, die Beziehung zum ewigen Du lasse sich nur in der Beziehung zum einzelnen Du verwirklichen; diese aber müsse immer wieder – im Wechsel von Aktualität und Latenz – in die Es-Welt zurückfallen, um dann immer wieder erneuert zu werden. Durch diese ständige Erneuerung in konkreten Du-Begegnungen erst erhielte die Gottesbeziehung ihre Kontinuität.

Nun scheint Buber suggerieren zu wollen, die absolute Beziehung könne Dauer gewinnen; es könnte *in der Welt* ein Zustand erreicht werden, in dem Gott dem Ich sozusagen pausenlos gegenwärtig wäre.

---

[581] Ich und Du, Werke I, S. 132
[582] Gottesfinsternis, Werke I, S. 548
[583] Ich und Du, Nachwort (1957), S. 169
[584] Ich und Du, Nachwort (1957), S. 170
[585] Ich und Du, Werke I, S. 130

Dies wäre aber dann ja eben der Zustand der Weltentrücktheit, der Weltüberheblichkeit, den Buber so entschieden ablehnt. Buber beteuert zwar, in die reine Beziehung zu treten heiße nicht von allem absehen, „sondern alles im Du sehen"[586]; es ist jedoch zu fragen, welchen Stellenwert das einzelne Du innerhalb dieser absoluten Beziehung noch einnehmen kann. Wenn alles darin eingeschlossen ist und nichts Einzelnes mehr gilt, sieht es so aus, als sei es dem Ich eigentlich *gleichgültig.*
So wird Buber den Satz sicher nicht verstanden wissen wollen. Wir müssen nun sehen, ob das Kriterium für die „wirkliche Beziehung in der Welt"[587], die Ausschließlichkeit der Du-Beziehung, mit dem Postulat der absoluten Beziehung in Einklang zu bringen ist.

In der wirklichen Beziehung bricht das ausgeschlossene Andere in sie ein und rächt so seine Ausschließung. Das Du wird wieder zum Es unter anderen. Nur im Wechsel von Aktualität und Latenz kann die Beziehung zwischen Menschen bestehen.
In der „allumfassenden Beziehung"[588] soll die Latenz allerdings noch Aktualität sein, und zwar deshalb, weil Gott nie aufhört, uns Du zu sein, selbst dann nicht, wenn wir ihn zum Es machen. In dieser Beziehung „ist die Latenz nur das Atemholen der Aktualität, darin das Du präsent bleibt."[589]

Hier zeigt sich das Gott-Mensch-Verhältnis – notwendigerweise – als asymmetrisches. Und es ist ein in jeder Hinsicht einzigartiges, wobei auch seine Einzigartigkeit von anderer Qualität ist als die Einzigartigkeit der einzelnen Ich-Du-Beziehung. „Einzig in der Beziehung zu Gott sind unbedingte Ausschließlichkeit und unbedingte Einschließlichkeit eins, darin das All begriffen ist."[590]
Mit anderen Worten: Gott umfasst schlechterdings alles, das All, mich eingeschlossen. Aber gleichzeitig schließt er in der Beziehung zu mir alles andere aus und umfasst nur mein Selbst, aber ohne es zu sein.

---

[586] Ich und Du, Werke I, S. 130
[587] Ich und Du, Werke I, S. 145
[588] Ich und Du, Werke I, S. 145
[589] Ich und Du, Werke I, S. 146
[590] Ich und Du, Werke I, S. 145

Dies ist unter Berücksichtigung eines Gottesbegriffs, der den persönlichen Gott voraussetzt, auch als Paradox durchaus plausibel.
Es ist aber klar, dass die Einheit von Einschließlichkeit und Ausschließlichkeit keine gegenseitige sein kann, obwohl man Bubers Formulierung so verstehen muss[591]. Sie ist es nur von Gottes Seite, nicht von der des Menschen: Das Ich schließt zwar alles andere aus der Beziehung zu Gott aus, aber das vollkommene Erkennen, die vollkommene Umfassung Gottes ist ihm versagt. Buber rettet sich in die kryptische Formel: „... mein eingeschränktes Erkennen geht in schrankenlosem Erkanntwerden auf."[592]

Nicht nur an dieser Stelle zeigt sich, dass das Bestreben, der Ich-Du-Beziehung durch das Konstrukt der vollkommenen, absoluten, reinen Beziehung einen Überbau überzustülpen, mit dem sie zum System überhöht wird, der Schwachpunkt von Bubers Gedankengebäude ist. Aber dadurch wird es nicht zum Einsturz gebracht; das Fundament, die Ich-Du-Beziehung, hat sich als tragfähig erwiesen.
Dennoch ist der Einwand von Goldschmidt, Buber sei „in der im Dialog neu eroberten Wirklichkeit ... noch immer Mystiker geblieben"[593], nicht ganz zurückzuweisen.

5.8 Abbruch

Wir können zusammenfassen:
Der Mensch in der Welt kann keine absolute Eigenständigkeit beanspruchen; sie wird durch die Bedingungen seines Daseins relativiert. Seine Autonomie kann sich nur zwischen den Polen Freiheit und Schicksal, das heißt zwischen der Bedingtheit der Welt und der Unbedingtheit des Absoluten realisieren.

---

[591] Das hat Wehr auch so verstanden: „Die Anrede des konkreten Du schließt das ‚ewige Du' mit ein." (Wehr, S. 165)
Der offensichtliche Widersinn dieser Aussage scheint ihm nicht aufgegangen zu sein: Wie sollte denn das begrenzte Ich das unbegrenzte Du des Ewigen einschließen? Gemeint ist hier, und so interpretiere ich auch Buber, dass mit dem konkreten Du auch das ewige *angesprochen* wird; angesprochen, nicht eingeschlossen.
[592] Ich und Du, Werke I, S. 145
[593] Goldschmidt, Philosophie als Dialogik, S. 146

Dem Ich ist die Begrenzung durch das Du notwendige Bedingung seiner Freiheit als *Person*. Und nur als Person kann der Mensch Eigenbedeutung erlangen.

Bedeutung ist immer Bedeutung *für* jemanden, er impliziert also den Begriff der *Beziehung*, und evoziert so den Akt der Hinwendung. Aber Bedeutung schließt auch den Begriff des *Wertes* ein. Dieser ist aber sinnvoll nur in der Es-Welt; in der Du-Welt wird er von der Ausschließlichkeit der Beziehung ausgelöscht. In der Du-Welt existiert (man kann nicht sagen: zählt, oder gilt) nur das Du *selbst*, jenseits aller Kategorien; und darum, *weil* in der unmittelbaren Beziehung nur das einzelne Du gemeint ist, *darum* eröffnet sich beiden, gegenseitig, der Durchblick zum ewigen Du.

Bubers Reden will kein Reden über Gott sein, insofern keine Theologie, von der er sich dann auch distanziert. Er sagt: „Ich kann Gott selber in keinem Punkte in meine Erklärung einbeziehen."[594] Wenn ich über ihn rede, kann ich IHN nicht meinen, sondern immer nur ein Es.

Gott kann ich nur als Person ansprechen, ich kann ihn im Anderen – und nur im Anderen, nicht in mir selbst – erblicken, seine Stimme in der des Anderen vernehmen.

---

[594] Antwort, in: Schilpp/Friedman, S. 590

Die Bilder stürzen, aber die Stimme verstummt nicht.[595]

6 Der Geist des Gesprächs

Was geht uns das eigentlich alles an? Ich und Du und Wir und Welt; Beziehung – ob nun vollkommen oder nicht –, Zwiesprache, und Gott?
Wir sitzen vor dem Fernseher und erfahren die Welt mittelbar ...
Aber das sind ja gar nicht *wir*, die da sitzen; WIR, das ist wieder nur so eine kulturkonservative Pose, die Attitüde des Bescheidwissens, die sich scheinbar in den Kontext einbezieht, sich aber durch die Einbeziehung gleichzeitig dispensiert sieht. Wir glauben, den Durchblick zu haben – als ob der Akt des „Durchschauens" schon etwas bewirkte; als ob es eine *Antwort auf die Situation* wäre.

Wer alles durchschaut, sieht am Ende nichts.

Was geht uns das an? Was interessiert uns das exhibitionistische Palaver, das intellektuelle Posieren, das gebildete Floskelspiel: Das ist die Einfalt des Monologischen; das sind keine Haltungen, die der Zwiefalt der Wirklichkeit gerecht werden. Ein Dialog kommt so nicht zustande.

Kulturkritik als Kritik am Bestehenden hat immer ihre Berechtigung. Aber sie darf sich nicht dadurch diskreditieren und selber zum Gegenstand berechtigter Kritik machen, dass sie die Vergangenheit idealisiert, deren bemerkenswertestes Verdienst darin liegt, dass sie vergangen ist. Sie hat Menschen hervorgebracht, die Hervorragendes geleistet haben – und wir sind ihre Zukunft, in die sie einst, angeödet von ihrer Gegenwart, ihre vergeblichen Hoffnungen gesetzt haben.
Von Buber können wir lernen, worauf es ankommt: auf das Beginnen, hier und jetzt, von jedem Einzelnen. Zur Verwirklichung benötigen wir keine Utopie, keinen Neuen Menschen.

---

[595] Die Vorurteile der Jugend, in: Der Jude und sein Judentum, S. 720

Mit noch mehr Recht als Buber können wir für unsere Zeit konstatieren, dass sie sich vom Leben, vom *wahren* eben entfernt hat. Diese Welt ist uns nur noch „Phantom und Matrize"[596], die meisten Erfahrungen werden uns audiovisuell vermittelt; wir lassen uns mit Erlebnis-Surrogaten abspeisen.

Im Zeitalter der nahezu vollkommenen Simulation aller Lebensvorgänge, der technischen Reproduzierbarkeit auch des Kunstwerks „Leben", werden wir unaufhörlich angesprochen – aber wir sind nicht gemeint, gemeint ist nur unsere Funktion, deren Stellvertreter wir sind.
Angesprochen wird unsere Eitelkeit, angesprochen wird auch unser Anspruch ans Dasein – aber Buber hat uns zu verstehen gegeben, dass, je mehr wir uns auf uns als Subjekt und dessen Bedürfnisse konzentrieren, uns ins Genießen zurückziehen, wir uns desto weiter vom Leben entfernen.

Wer dies aber als Verlust beschreibt, müsste erklären können, worin die Authentizität des früheren Lebens bestanden haben soll.
Ein 14-Stunden-Tag im Stahlwerk oder ein Tag hinter dem Pflug kann es wohl kaum gewesen sein; aber auch nicht das Erlebnis eines Sonnenaufgangs in „unberührter" Natur nach einer kalten Nacht auf nacktem Erdboden oder der Geschmack frisch gebackenen Brotes, wenn es sonst nur fade Kartoffelsuppe gab. Hier ist allein die Schärfe des Kontrastes der Garant der Intensität des Erlebens; und es müsste jemand schon sehr viel Scharfsinn aufwenden, um zu begründen, dass derjenige, der mit eigenen Händen in der Erde gräbt, diese unmittelbarer erlebt als derjenige, der ein Werkzeug benutzt.

Es geht also offensichtlich nicht um die Wiederentdeckung eines verlorenen Paradieses, sondern um die Entdeckung der wirklichen Wirklichkeit.
Wenn das bisher noch nicht gelungen ist, so ist nach dem Grund zu fragen.
Wenn das Ziel klar ist – und bleibt: das wahre Leben –, so scheint es nur am Weg, am falschen Weg zu liegen. Oder die Frage ist falsch gestellt.

Der Weg ist das Ziel, lautet eine griffige Tao-Formel. Was bedeutet das wirklich?

---

[596] Vgl. Günter Anders, Die Antiquiertheit des Menschen, 1. Band

Mit Bubers dialogischem Ansatz können wir antworten. Die Antwort ist in der Frage enthalten. Woraus besteht das Gehen? Aus dem Weg und dem Gehenden, in untrennbarer Einheit.
So ist das Gehen des Wegs mit der richtigen „Richtung" und der richtigen „Haltung" das Gesuchte. Was aber die richtige Richtung ist, das erfahren wir in Bubers Konzept nur durch Gnade, indem wir uns für die Stimme offen halten.[597]

Wenn das so ist, dann sind wir mitten im Leben; dann sind wir nicht weiter davon entfernt als andere Zeiten. Wir sind vielleicht nur abgekapselter, verkrusteter; oder aber aufgeweichter, zermürbter: Durch unsere Arroganz, mit unserem Wissen und unserer Technik den richtigen Weg schon finden zu können, sind wir vielleicht blinder für das Naheliegende, das „ureinfache" der Beziehung.
Denn der Weg ist auf keiner Landkarte verzeichnet; er zeichnet sich allenfalls in den inneren Landschaften ab, in denen wir manchmal in vorüberhuschenden Schatten oder den Umrissen der Bäume lebendige Gestalten zu erkennen vermögen.

Was aber ist eine Philosophie wert, die beansprucht, dass es ihr um Wirklichkeit zu tun ist, und die die Welt nicht grundlegend geändert hat?
Wenn man sieht, dass weder die schönsten Religionen noch die plausibelsten Weltverbesserungsideologien zu leisten vermochten, was sie versprachen (und immer waren die Menschen: Ungläubige, Gegner, Abtrünnige schuld), wird man bescheidener. „Es verändert ja die Wahr- oder Falschheit *jedes* Satzes etwas am allgemeinen Bau der Welt."[598]

Wenn Buber eine Lehre hat, so ist sie klar und einfach: Wer die Welt ändern will, muss nicht die Welt ändern, sondern sich selbst; muss nicht bei der Welt anfangen, sondern bei sich selbst.

---

[597] Diese theologische Dimension von Bubers Philosophieren kann dem skeptischen Denker natürlich nicht genügen. „Es ist mir gesagt", und „es ist mir gegeben", und „es ereignet sich" - wo Buber Offenbarung voraussetzt, wäre weiter zu fragen.
[598] Wittgenstein, Tractatus logico-philosophicus, S. 82

Buber lehnt es ab, Rezepte zu verkünden: Es gibt kein ethisches Sollen, das sich in Verhaltensanweisungen, in Geboten und Verboten niederschlagen würde. Es gibt nur die Richtung und den Weg.
Jeder ist verantwortlich, seinen Weg zu finden. Wer ihn vorbehaltlos und rückhaltlos sucht, hat ihn schon gefunden.

Martin Buber sieht die Keimzelle der gesellschaftlichen Veränderung (der Neuen Gemeinschaft) im Ich, und zwar im Ich des Grundwortes Ich-Du.
Dies begreift er durchaus als Revolution, aber im Sinne von Umkehr, nicht von Umsturz der Verhältnisse: Damit ist jedem einzelnen sein besonderes Teil der Verantwortung für die soziale Wirklichkeit auferlegt.[599]
Politische Veränderungen können wohl bessere Lebensbedingungen schaffen – und daran mitzuwirken, ist auch nach Bubers Ansicht Aufgabe des sich in der Welt bewährenden Menschen –, was aber selbst revolutionäre Bewegungen nicht können, ist: den Neuen Menschen zu schaffen. Dieser Versuch hat sich als schlechthin inhumane Utopie erwiesen.

Den „modernen Menschen" schwindelt es nicht mehr, wenn er in sich hinabschaut: Der Abgrund ist zugeschüttet und zum Erlebnispark umfunktioniert. Das Abgründige erfährt er nur noch als Sensation, als medial vermittelte sinnlose, atavistische Tat eines anderen.

Vielleicht ist es so, dass wirklicher Humanismus nur als absolute Anti-Metaphysik denkbar ist. (Buber hielt sich nicht für einen Metaphysiker).
Vielleicht ist das Böse nur der (untaugliche) Versuch, diejenigen Mächte herauszufordern, die jegliche Metaphysik voraussetzt. Das entfesselte Böse aber entspringt dem *Staunen* darüber, dass nichts geschieht, dass die Weltordnung nicht tangiert wird, dass die Sonne weiterhin aufgeht.

---

[599] Die politische Entwicklung der letzten Jahrzehnte scheint eher Buber recht zu geben als den marxistischen Revolutionstheoretikern. Die neuesten Umwälzungen, die die Revolution(en) revidiert haben, haben diese gleichzeitig als bloß nominal entlarvt - und zugleich nichts weiter als den Rückfall in die alten Ressentiments bewirkt. Unter dem Deckmantel des real existierenden Sozialismus waren die alten Kräfte am Werk: Faschismus, Rassismus und Nationalismus waren nur mühsam unterdrückt worden, hatten sich nicht, wie die kommunistische Ideologie versprach, erledigt.

Der Böse wähnt sich nicht mit höheren Mächten im Bunde. Er ist wie das Kind, das den steinernen Löwen piesackt und sich wundert, dass er es nicht verschlingt.

Das ewige Du ist für Buber die ewige Mitte des Lebens, aber das einzelne Du ist das, was einen konkret angeht. Der Ort, wo sich die Verbundenheit von Ich und Du verwirklicht, ist das wahre Gespräch.
Aber was ist das: das wahre Gespräch?
Ist es zu verstehen als das Gespräch von gleichberechtigten Partnern? Aber was heißt schon gleichberechtigt? Die Fragen bleiben; aber das ist schon ein anderes Problem.

Wäre die dialogische Beziehung in der Welt präsent – nicht nur als Ausnahme – bräuchten wir nicht darüber zu reden. Thematisiert wird sie erst als Mangel: wenn empfunden wird, dass etwas Wesentliches fehlt. Formuliert werden kann sie nur als Anspruch, als Forderung. Das ist es auch, worauf Buber immer wieder hinweist, Wiederholung nicht scheuend: Da ist etwas, etwas Verschüttetes, das aber *jederzeit* und *überall* zur Wirklichkeit befreit werden kann – durch die Umkehr. „Die Umkehr ist nicht Rückkehr zu einem früheren, ,sündenfreien' Zustand, sondern sie ist Wesensumschwung – das im Umschwung Hingetragenwerden auf den Weg Gottes."[600]
Vor der Katastrophe, vor dem Absurden, vor der Unsicherheit auch der Es-Welt verweist er auf Gott als den Haltenden, den Fraglosen, den Garanten von Raum und Zeit – und der Beziehung zu ihm.

Das Dilemma des Dialogischen ist, wie das des Denkens der Aufklärung, dass es nur jene erreicht, die erreichbar sein wollen, die sich offen halten, also von vornherein eine gewisse Dialogbereitschaft als *Haltung* an den Tag legen.
Dennoch ist Bubers Dialogik keine Utopie. Ihr Anspruch ist, dass man sie hier und jetzt verwirklichen kann; und dies selbst, wenn man ihr nicht glaubt. Zugleich ist sie das denkbar humanste Weltveränderungskonzept: Es kommt auf jeden Einzelnen an, und jeder kann hier und jetzt beginnen.

---

[600] Der Glaube des Judentums, in: Der Jude und sein Judentum, S. 194

Buber weist die Selbsttäuschung dessen nach, der sagt: Ich *habe* den Sinn meines Lebens, habe ihn gefunden; und nun wie eine Trophäe präsentiert: einen Glauben, eine Philosophie, eine Überzeugung.

Jenseits von Bekehrungswut, ideologischem Terrorismus oder dem moralischen Imperialismus der Bescheidwisser gibt es den Dialog der Gegner, die die widersprüchlichsten Situationen aushalten und das Andere des Anderen gelten lassen.

Was bleibt noch zu sagen?
Wir haben die Entstehung der Idee des Du aus der Lebensentwicklung Bubers hergeleitet und konnten dabei ansatzweise die Herkunft der Dialogik aus Bubers Deutung der jüdischen Religiosität belegen.
Wir konnten die Eigenbedeutung der beiden Beziehungspartner aus der Gegenseitigkeit der Konzeption erweisen – nun wäre im Rahmen einer philosophischen Anthropologie zu einer neuen Theorie der Gemeinschaft fortzuschreiten, die ein dritter Weg jenseits von Individualismus und Kollektivismus wäre.
Es geht dabei nicht um die Schaffung eines Neuen Menschen, sondern um die „Erneuerung des ganzen Menschen"[601].

Wenn Goldschmidt schreibt, es sei Buber „trotz der Beteuerung seiner Hingabe an alle und alles zuletzt doch nicht um die anderen Wesen, sondern um den Gott hinter ihnen, das heißt aber hier: um seinen eigenen Gott!"[602] gegangen, so kann man dagegenhalten, Buber habe mit seiner *Existenz* der Frage seines Lebens geantwortet. Mehr kann man von keinem verlangen.

Buber bietet uns keine ausgearbeitete Philosophie – und daher etliche Angriffspunkte. Seine Beschreibungen der dialogischen Wirklichkeit sind wie unerhörte Reiseberichte aus der ebenso fremden wie vertrauten Welt des Zwischen – sie machen uns staunen, aber wenn wir erfahren wollen, wie es wirklich ist, müssen wir uns selber auf den Weg machen.

---

[601] Der Heilige Weg, in: Der Jude und sein Judentum, S. 118
[602] Goldschmidt, Philosophie als Dialogik, S. 146

In diesem Sinne ist Dialogizität ein Konzept zur Überwindung der Ideologie des Austauschs, also der Werte, des Gewinns, der Maximierung der Chancen in Bezug auf Glück oder gar ewige Glückseligkeit. („Buber ist gegen die ‚Wette' bei Pascal."[603])

Bubers Geschichtsdenken kennt drei verschiedene Zeiten, je nach ihrem Verhältnis zum Wort:

> „Die Zeiten, in denen das wesende Wort erscheint, sind die, in denen sich die Verbundenheit von Ich und Welt erneuert; die Zeiten, in denen das wirkende Wort regiert, sind die, in denen sich das Einvernehmen zwischen Ich und Welt erhält; die Zeiten, in denen das Wort geltend wird, sind die, in denen sich die Entwirklichung, die Verfremdung zwischen Ich und Welt, das Werden des Verhängnisses vollzieht, – bis der große Schauder kommt, und das Atemanhalten im Dunkel, das bereitende Schweigen."[604]

In welchen Zeiten leben wir?

Aber Buber will die Bahn des Wortes, des Geistes in der Geschichte nicht als Kreislauf verstanden wissen, sondern als Weg. Es ist *der Weg*. Die Intensitäten steigern sich: „Das Verhängnis wird in jedem Äon erdrückender, die Umkehr sprengender."[605]
Das bedeutet für Buber, dass die Theophanie immer näher rückt, „sie nähert sich immer mehr der Sphäre *zwischen den Wesen:* nähert sich dem Reich, das in unserer Mitte, im Dazwischen sich birgt."[606]

So entpuppt sich Bubers Geschichtsdenken doch als teleologisch – oder besser gesagt: messianisch: „Die Geschichte ist eine geheimnisvolle Annäherung. Jede Spirale ihres Wegs führt in tieferes Verderben und in grundhaftere Umkehr zugleich. Das Ereignis aber, dessen Weltseite Umkehr heißt, dessen Gottesseite heißt Erlösung."[607]

---

[603] Kraft, S. 14
[604] Ich und Du, Werke I, S. 159f.
[605] Ich und Du, Werke I, S. 160
[606] Ich und Du, Werke I, S. 160
[607] Ich und Du, Werke I, S. 160

Der wahrhaft umkehrende Mensch, der sich zur Verwirklichung des Sinns in seinem Leben durch rückhaltlose Hinwendung zum Du entschließt, ist erlöst – und wirkt mit an der Erlösung der Welt. So ist *Erlösung* das letzte Wort.

Aber das letzte Wort ist noch nicht gesprochen.

7 Literaturverzeichnis

7.1 Primärquellen

BUBER, Martin (1962): Werke. Erster Band – Schriften zur Philosophie. München: Kösel Verlag, Heidelberg: Verlag Lambert Schneider. (Werke I)

BUBER, Martin (1963): Werke. Dritter Band – Schriften zum Chassidismus. München: Kösel Verlag, Heidelberg: Verlag Lambert Schneider. (Werke III)

BUBER, Martin (1963): Der Jude und sein Judentum. Gesammelte Aufsätze und Reden. Mit einer Einleitung von Robert Weltsch. Köln: Joseph Melzer Verlag. (Der Jude und sein Judentum)

BUBER, Martin (1972): Briefwechsel aus sieben Jahrzehnten. Band I: 1897–1918. Mit einem Geleitwort von Ernst Simon und einem biographischen Abriss als Einleitung von Grete Schaeder. Heidelberg: Verlag Lambert Schneider. (Briefe I)

BUBER, Martin (1986): Begegnung. Autobiographische Fragmente. Mit einem Nachwort von Albrecht Goes. 4. Auflage. Heidelberg: Verlag Lambert Schneider. (Begegnung)

7.2 Sammelbände

BÄUMER, Angelica, und Michael BENEDIKT (Hg.) (1991): Dialogdenken – Gesellschaftsethik: Wider die allgegenwärtige Gewalt gesellschaftlicher Vereinnahmung. Wien: Passagen Verlag.

BLOCH, Jochanan, und Haim GORDON (Hg.) (1983), Martin Buber. Bilanz seines Denkens. Freiburg: Herder.

LICHARZ, Werner (Hg.) (1982), Dialog mit Martin Buber. Arnoldshainer Texte 7. Arnoldshain.

LICHARZ, Werner (Hg.) (1985), Martin Bubers Erbe für unsere Zeit. Frankfurt: Müller.

SCHILPP, Paul Arthur, und Maurice FRIEDMAN (Hg.) (1963), Martin Buber. Stuttgart: W. Kohlhammer Verlag. (Schilpp/Friedman)

7.3 Einzeldarstellungen

ANZENBACHER, Arno (1965), Die Philosophie Martin Bubers. Wien (Diss.).

BALOGH, Zoltan (1969), Martin Buber und die Welt des Es. (Beihefte zur Zeitschrift für philosophische Forschung, Heft 20). Meisenheim am Glan: Hain.

BEN-CHORIN, Schalom (1966), Zwiesprache mit Martin Buber: Ein Erinnerungsbuch. München.

BIELANDER, Raphael (1975), Martin Bubers Rede von Gott: Versuch einer philosophischen Würdigung des religiösen Denkens. Basler und Berner Studien zur historischen und systematischen Theologie, Band 25. Bern: Herbert Lang, Frankfurt/M.: Peter Lang. (Bielander)

BLOCH, Jochanan (1968), Geheimnis und Schöpfung: Elemente der Dialogik Martin Bubers. Berlin (Diss.).

BLOCH, Jochanan (1977), Die Aporie des Du: Probleme der Dialogik Martin Bubers. Heidelberg. (Bloch)

BÖCKENHOFF, J (1970), Die Begegnungsphilosophie: ihre Geschichte – ihre Aspekte. Freiburg; München: Alber.

BRUNNHUBER, Stefan (1993), Der dialogische Aufbau der Wirklichkeit: Gemeinsame Elemente im Philosophiebegriff von Martin Buber, Martin Heidegger und Sigmund Freud. (Theorie und Forschung, Bd. 242, Philosophie und Theologie, Bd. 17). Regensburg: S. Roderer Verlag. (Zugl. Ulm, Univ., Diss.)

CASPER, Bernhard (1967), Das dialogische Denken: Eine Untersuchung der religionsphilosophischen Bedeutung Franz Rosenzweigs, Ferdinand Ebners und Martin Bubers. Freiburg im Breisgau: Verlag Herder.

CHOI, Sung-Sik (1993), Der Mensch als Mitmensch: Eine Untersuchung über die Strukturanalyse des Miteinanderseins von Karl Löwith im Vergleich mit dem dialogischen Denken von Martin Buber. Köln (Diss.).

DUESBERG, Hans (1970), Person und Gemeinschaft: Philosophisch-systematische Untersuchungen des Sinnzusammenhangs von personaler Selbständigkeit und interpersonaler Beziehung an Texten von J.G. Fichte und Martin Buber. Bonn.

EVERS, Gernot Dirk (1979), Sittlichkeit im Wort-Feld der Begegnung: Sittlichkeit als struktur-dialogisches Freiheits-Ereignis; dargestellt an der Strukturontologie Heinrich Rombachs und der Pneumatologie Ferdinand Ebners. (Studien zur Geschichte der katholischen Moraltheologie, Band 24). Regensburg: Pustet.

FABER, Werner (1962), Das dialogische Prinzip Martin Bubers und das erzieherische Verhältnis. Ratingen.

FICHTE, Johann Gottlieb (o. J): Die Bestimmung des Menschen. Herausgegeben von Werner Röhr. Wiesbaden.

GOLDSCHMIDT, Hermann Levin (1992): Philosophie als Dialogik. Werkausgabe in neun Bänden, Band 1: Frühe Schriften. Herausgegeben von Willi Goetschel. Wien: Passagen Verlag.

GOLDSTEIN, Walter B. (1965), Jean-Paul Sartre und Martin Buber: eine vergleichende Betrachtung von Existentialismus und Dialogik. Jerusalem: Mass.

GOLDSTEIN, Walter B. (1969), Der Glaube Martin Bubers. Jerusalem.

GRÜNFELD, Franz Werner (1965), Der Begegnungscharakter der Wirklichkeit in Philosophie und Pädagogik Martin Bubers. Ratingen: A. Henn; auch Düsseldorf (Diss.).

GUDOPP, Wolf-Dieter (1975), Martin Bubers dialogischer Anarchismus. (Basler und Berner Studien zur historischen und systematischen Theologie, Band 24). Bern: Herbert Lang, Frankfurt/M.: Peter Lang.

HAGEGE, Claude (1987), Der dialogische Mensch: Sprache – Weltbild – Gesellschaft. Reinbek bei Hamburg: Rowohlts Enzyklopädie.

HORWITZ, Rivka (1977), Buber's Way to „I and Thou": A historical analysis and the first publication of Martin Buber's lectures „Religion als Gegenwart". Heidelberg: Lambert Schneider.

HUSSERL, Edmund (1984): Die Konstitution der geistigen Welt. Herausgegeben und eingeleitet von Manfred Sommer. Hamburg: Felix Meiner Verlag.

KOHN, Hans (1961), Martin Buber: Sein Werk und seine Zeit: Ein Beitrag zur Geistesgeschichte Mitteleuropas 1880–1930. 2., erw. Auflage. Köln: Melzer.

KRAFT, Werner (1966), Gespräche mit Martin Buber. München: Kösel.

LANG, Bernhard (1963), Martin Buber und das dialogische Leben. Bern: Herbert Lang.

LIEBESCHÜTZ, Hans (1970), Von Georg Simmel zu Franz Rosenzweig: Studien zum Jüdischen Denken im deutschen Kulturbereich. (Schriftenreihe Wissenschaftlicher Abhandlungen des Leo Baeck Instituts, 23). Tübingen: J.C.B. Mohr.

MENDES-FLOHR, Paul R. (1979), Von der Mystik zum Dialog: Martin Bubers geistige Entwicklung bis hin zu „Ich und Du". Königstein/Ts.: Jüdischer Verlag.

MICHEL, Wilhelm (1926), Martin Buber – Sein Gang in die Wirklichkeit. Frankfurt am Main: Rütten & Loening.

OLIVER, Roy (1968), Martin Buber: Der Wanderer und der Weg. Heidelberg: Lambert Schneider.

SCHAEDER, Grete (1966), Martin Buber: Hebräischer Humanismus. Göttingen.

SCHREY, Heinz-Horst (1970), Dialogisches Denken. (Erträge der Forschung, Band 1). Darmstadt: Wissenschaftliche Buchgesellschaft.

SMITH, Paul Christopher (1966), Das Sein des Du: Bubers Philosophie im Lichte des Heidegger'schen Denkens an das Sein. Heidelberg (Diss.).

THEUNISSEN, Michael (1965), Der Andere: Studien zur Sozialontologie der Gegenwart. Berlin.

WALDENFELS, Bernhard (1971), Das Zwischenreich des Dialogs: Sozialphilosophische Untersuchungen im Anschluss an Edmund Husserl. Den Haag.

WEHR, Gerhard (1991), Martin Buber: Leben, Werk, Wirkung. Zürich: Diogenes.

7.4 Aufsätze

BERGMANN, Hugo (1963), „Martin Buber und die Mystik", in: SCHILPP/FRIEDMAN (Hg.), Martin Buber, S. 265-274.

DUBERLE, D. (1969), „Der Dialog und die Philosophie des Dialogs", in: Internationale Dialog-Zeitschrift 1, S. 3-14. Wien/Freiburg/Basel.

FRANKENSTEIN, Carl (1966), „Du und Nicht-Ich: Zu Martin Bubers Theorie des Dialogs", in: Stimmen der Zeit 178, Jg. 91, S. 324ff.

GOLDSCHMIDT, Hermann Levin (1969), „Dialektik und Dialogik", in: Internationale Dialog-Zeitschrift 3. Wien/Freiburg/Basel.

HARTSHORNE, Charles (1963), „Martin Bubers Metaphysik", in: SCHILPP/FRIEDMAN (Hg.), Martin Buber, S. 42-61.

KUHN, Helmut (1963), „Gespräch in Erwartung", in: SCHILPP/FRIEDMAN (Hg.), Martin Buber, S. 548-570.

LANDAUER, Gustav (1913), „Martin Buber", in: Gustav LANDAUER, Zwang und Befreiung. Köln, 1968.

MARCEL, Gabriel (1963), „Ich und Du bei Martin Buber", in: SCHILPP/FRIEDMAN (Hg.), Martin Buber, S. 35–41.

NYIRI, J.C. (1991), „Dialogdenken bei Ludwig Wittgenstein", in: BÄUMER/BENEDIKT (Hg.), Dialogdenken – Gesellschaftsethik, S. 163-169.

ROTHENSTREICH, Nathan (1963), „Gründe und Grenzen von Martin Bubers dialogischem Denken", in: SCHILPP/FRIEDMAN (Hg.), Martin Buber, S. 87-118.

SCHNEIDER, Herbert W. (1963), „Die geschichtliche Bedeutung der Buberschen Philosophie", in: SCHILPP/FRIEDMAN (Hg.), Martin Buber, S. 414-419.

TAUBES, Jakob (1963), „Martin Buber und die Geschichtsphilosophie", in: SCHILPP/FRIEDMAN (Hg.), Martin Buber, S. 398-413.

WAHL, Jean (1963), „Martin Buber und die Existenzphilosophie", in: SCHILPP/FRIEDMAN (Hg.), Martin Buber, S. 420-447.

WELTSCH, Robert (1963), „Bubers politische Philosophie", in: SCHILPP/FRIEDMAN (Hg.), Martin Buber, S. 384-397.

WHEELWRIGHT, Philip (1963), „Bubers philosophische Anthropologie", in: SCHILPP/FRIEDMAN (Hg.), Martin Buber, S. 62-86.

ibidem*.eu*